에너지 인문학
Enhance Your Energy

에너지 인문학

초판 1쇄 발행 2024년 1월 10일

지은이 강신욱
펴낸이 장길수
펴낸곳 지식과감성#
출판등록 제2012-000081호

교정 정은솔
디자인 오정은
편집 오정은
검수 김서아, 이현
마케팅 김윤길, 정은혜

주소 서울시 금천구 벚꽃로298 대륭포스트타워6차 1212호
전화 070-4651-3730~4
팩스 070-4325-7006
이메일 ksbookup@naver.com
홈페이지 www.knsbookup.com

ISBN 979-11-392-1582-3(03180)
값 14,000원

- 이 책의 판권은 지은이에게 있습니다.
- 이 책 내용의 전부 또는 일부를 재사용하려면 반드시 지은이의 서면 동의를 받아야 합니다.
- 잘못된 책은 구입하신 곳에서 바꾸어 드립니다.

지식과감성#
홈페이지 바로가기

에너지 인문학
Enhance Your Energy

강신욱 지음

지식과감정

"인생은 가볍지만 인생의 의미는 가볍지 않다.
어제 저지른 실수보다 조금 성장한 **오늘**
내가 그대를 위해 헌신할 에너지가 필요하다."

목차

머리말 ·· 8

에너지를 위하여 ································ 11
에너지란 무엇인가? ···························· 14
쾌락 에너지 ······································ 16
역사 속의 에너지 ······························ 34
에너지의 전환과 한계 ························ 41
소유 에너지 ······································ 53
결핍 에너지 ······································ 65
선 에너지 ·· 82
걱정 에너지 ······································ 89
그리움의 에너지 ································ 101
창조 에너지 ······································ 113
관심 에너지 ······································ 119
동양의 에너지 기 ······························ 134
자존감 에너지 ··································· 149
조화의 에너지 ··································· 164
행복 에너지 ······································ 180
언어 에너지 ······································ 195
문화 에너지 ······································ 222
에너지를 키우는 방법 ························ 231

에필로그 ·· 260

머리말

  살아 있는 유기체는 모두 에너지를 갖고 태어난다. 그리고 그 에너지가 다하는 순간 우리의 모든 것이 함께 멈춘다. 육체의 활동이 멈추고 시간과의 싸움도 멈추고 영혼도 우리를 떠난다. 우리 몸의 에너지가 부족하거나 고갈되었다는 것은 이렇게 항상 부정적인 결과로 나타나기 때문에 우리는 우리 몸의 에너지 상태에 대해서 항상 주시하지 않을 수 없다. 그런데 이것이 혈압이나 당뇨 수치처럼 바로 한눈에 알아볼 수 있는 것도 아니고, 잔량이 부족하면 경고 알람이 울리는 것도 아니라서 우리 몸에 에너지가 부족하다고 느껴도 그렇게 적극적이고 체계적으로 관리하기가 쉽지 않다. 그리고 요즘같이 풍요로운 시기에 자신의 생물학적 에너지가 고갈돼서 어려움을 겪는 사람들은 극히 드물기 때문에 아주 갈급하게 에너지에 관심을 기울이는 사람을 찾아보기는 더욱 힘들다. 그래서 남아도는 칼로리, 흘러넘치는 영양분 때문에 에너지 과잉 시대를 살고 있는 우리 시대에 에너지에 대한 고찰을 해야 한다는 것 자체가 시대착오적인 발상으로 보일지도 모른다.

  하지만 우리는 이상하게도 가끔 에너지가 뚝 떨어져 있는 자신의 모습을 발견하곤 한다. 직장에 출근하기 싫고, 학교에 가기 싫고, 사람을 만나기도 싫고, 만사가 귀찮아서 살기 싫을 때도 너무 많다. 정신적인 에너지에 국한시켜서 하는 이야기가 아니다. 우리 현대인은 몸과 마음이 모두 다 그냥 지쳐 있을 때가 많다. 쾌락과 재미를 가져다주는 여러 가지 일에 집중해 보고, 일에 빠져서 살아 보기도 하지만 엄습하는 공허함과 피곤함을 감출 수 없다.

산업혁명이 일어나면서 우리 인류는 본격적인 에너지 개발에 힘을 쏟게 되었고, 화석 에너지를 비롯한 여러 대체 에너지들은 우리 생활을 말할 수 없이 편리하게 만들어 주었을 뿐만 아니라 우리의 생활 패턴까지 완전히 바꾸어 버렸다. 그래서 에너지가 주는 효용성과 편의성에 매료된 인류는 더욱더 새로운 에너지 개발에 계속 몰두하고 있다. 하지만 이제 방향을 조금 돌려야 할 필요가 있다. '에너지 개발과 관리'의 방향과 관심을 외부 에너지에서 우리 내부 에너지로 전환해야 할 시점이 되었다. 점점 더 바빠지고, 무기력해지고, 외로워지는 현대인들이 몸과 마음을 추스르고, 멋지고 의미 있게 이 세상을 살아가려면 우리는 이제 내부의 에너지에 좀 더 관심을 가져야 한다.

세상이 아무리 바뀌어도 인간의 고민은 한결같다. 어떻게 하면 '의미 있는' 조각들로 생을 장식할 수 있느냐이다. 그 의미가 사람마다 너무 다양하지만, 어느 누구도 자신이 갖고 있는 에너지를 적절하게 다루고 가꾸지 못하면 그 의미를 삶의 현장에서 온전하게 실현한다는 것은 불가능한 일이다. 영민한 두뇌와 탁월한 능력과 완벽한 계획을 갖고 있어도 우리 에너지가 고갈되거나 혼란스러운 상태에서는 아무것도 현실에서 이룰 수가 없다. 그래서 우리 몸 안에 흐르고 있는 에너지를 인간을 이해하는 방법으로 바르게 이해하고, 그것을 올바르게 관리하는 것이야말로 자신의 삶을 의미 있게 실천하는 시작이자 초석이 될 수 있다.

에너지를 위하여

우리는 일을 하기 위해서 일을 하고 있다. 일을 하기 위해 밥을 먹고, 일을 하기 위해 잠을 자고, 일을 하기 위해 운동을 하고 사람을 만난다. 구체적으로 다시 말하면 밥을 먹기 위해 밥을 먹고, 잠을 자기 위해 잠을 자고, 운동을 하기 위해 운동을 하고, 사람을 만나기 위해 사람을 만난다. 그래서 우리 일상을 자세히 들여다보면 우리의 **하루 일과는 온종일 '에너지'를 만들기 위한 작업의 과정**이라고 봐도 과언이 아니다.

때로는 우리가 애쓰는 먹는 일, 자는 일, 운동하는 일, 사람 만나는 일이 일말의 쾌감을 제공하기도 하지만, 근본적으로 **'일'**이라는 것은 고단하고 지루한 작업이다. 그런데 우리는 이 '일'을 쉴 수가 없다. 왜냐하면 이 '일'을 통해서 에너지를 만들지 못하면 우리는 미래의 일을 수행할 수 없을 뿐만 아니라, 생명이 다하는 현재의 순간을 곧 맞이해야 하기 때문이다. 그래서 부단히도 우리는 이 생명 활동의 끝을 보지 않기 위해서 정말로 하기 싫은 '직업으로서의 일'도 군말 없이 해내야 한다.

　에너지라는 단어의 정의가 '일을 할 수 있는 능력'쯤으로 되어 있기 때문에 우리는 일터에 가서 열심히 일하기 위해 에너지를 만드는 것이라고 쉽게 생각할 수 있지만, 그게 아니라 우리는 살아남기 위해서, 다시 말하면 에너지를 더욱 안정적으로 확보하기 위해서 그 어려운 일들을 해내는 것이다. 그래서 결국에 우리 모두는 **일을 하기 위해서 에너지를 만드는 것이 아니라, 에너지라는 놈을 만들기 위해서 열심히 일을 하고 있는 것이다.** 우리가 호흡을 하고, 음식을 먹고, 심장이 펌프질해서 피를 온몸으로 순환시키는 모든 일들이 에너지를 만들어서 생존하기 위한 복잡한 과정인 것처럼, 우리가 일어나서 밥 먹고, 출근하고, 사람을 만나는 모든 일들도 양질의 에너지를 만들고 확보하려는 어려운 절차일 뿐이다.

　그러면 갑자기 우리는 비참한 생각이 든다. 우리의 삶이 고작 에너지를 만들려고, 그저 살아남아 보려고 애쓰는 몸부림에 지나지 않는다는 말인가? 단지 우리 생은 배터리가 얼마 남지 않은 핸드폰을 들고 충전할 곳을 찾아 여기저기 헤매는 하이에나 같은 수준에 불과한 것인가? 뭔가 동물보다는 더 나은 삶을 지향하며 살아온 인류라고 자부하면서 그렇게 원초적인 '에너지 지향적 삶'에서 우리는 벗어날 수 없는 것인가?

　아니다. 그렇지 않다. 우리는 스마트폰으로 기본적인 통화만 할 수 있는 것이 아니라 엄청나게 다양하고 고차원적인 일을 할 수 있는 것처럼, 삶 속에서 우리는 에너지에 대해서, 그리고 에너지를 가지고 아주 의미 있는 많은 일을 할 수 있다. 자신을 가꾸는 일도 할 수 있고, 남을 살리는 일을 할 수도 있으며, 자신만의 위대한 가치를 실현할 수 있는 다양한 종류의 일을 해낼 수 있다. 그런데 이 모든 것들이 에너지에 대한 바른 이해가 선행되지 않으면 이루어질 수 없는 것들이다. 그래서 **에너지를 안다는 것은 우리 인간을 이해한다는 것이고 우리 인생을 이해한다는 것이다.**

지금부터 설명하는 에너지에 관한 서사는 자연스럽게 우리 생활에 의미와 가치를 실현하고, 결국에는 우리 삶이 아름답고 행복해지는 방향으로 흘러가게 할 것이다. 사는 게 답답하고 이 땅을 딛고 걸어가는 게 버겁고 의미가 없다고 느끼는 독자들이 있다면 이 책이 만들어 놓은 물길 위에 작은 배를 살짝 띄워 놓고 천천히 따라오기를 바란다.

에너지란 무엇인가?

에너지라는 단어의 어원을 살펴보면 헬라어에서 '일'을 뜻하는 'ergon'에 '속'이라는 뜻의 접두사 'en'이 붙어서 만들어진 합성어이다. 그래서 그 뜻은 '속에 감춰진 일' 즉 **일을 할 수 있는 능력**'을 말한다. 우리가 에너지라는 개념을 일상생활에서 쓰거나 과학 시간에 전문적으로 사용하거나 크게 이 의미에서 벗어나지 않는다.

그런데 이렇게 '일을 할 수 있는 능력'이라는 **정의에 충실**해서 에너지에 대해 좀 더 깊고 넓게 고찰을 해 보면 우리는 과학의 범위를 벗어나 좀 더 적극적이고 포괄적으로 에너지에 대한 이해와 적용을 할 수 있을 것이다. 예를 들어 출근하는 남편에게 뒤통수에다 대고 잔소리를 해 대는 아내가 있다면 이 상황은 남편의 하루 동안의 **에너지**를 잡아먹는 에너지 흡혈귀의 역할을 해서 '일을 할 수 있는 능력'을 확 떨어뜨린 예가 되겠고, 반대로 취업이 안 돼서 공무원 시험을 보려고 도서관을 향하는 아들의 귓가에 격려와 신뢰의 이야기를 해 주는 엄마가 있다면 그것은 탈진해서 다 죽어 가는 환자에게 영양제를 주사해 주는 것 같은 엄청난 **에너지**를 만들어 주는 작업을 한 것이라고 볼 수 있다.

이처럼 우리 생활 속에서 에너지를 만들어 내는 것은 입으로 섭취하는 열량도 매우 중요하지만, 그것에 못지않게 과학적으로 증명하기 힘든 것들, 예컨대 행동하는 **주체의 감정, 생각, 습관, 태도 같은 것들도 상당히 중요한 요인으로 작용**한다는 것을 알 수 있다. 그래서 이것들을 어떻게 관리하고 운영하느냐에 따라 우리들의 육체적, 정신적 에너지의 질은 올라가거나 반대로 급격히 추락할 수도 있다.

이 책에서 다루어질 에너지에 관한 모든 설명과 논의는 전적으로 과학적 실증주의에서 벗어난 그야말로 인문학적인 에너지에 대한 이해이다. '인문(人文)학'이라는 개념 중에서도 가장 기본적이고 근간이 되는, **사람을 이해하고 사랑하는 마음으로 사람의 생각과 행동 그리고 그들 사이의 관계를 연구해서 사람에게 유익을 주는 것**을 목표로 해서 에너지를 이해하려는 시도가 바로 에너지에 대한 인문학적 접근이다. 딱딱한 과학 용어인 에너지의 개념에 훈훈한 사람의 냄새를 입혀서 과학적인 잣대로 표현할 수 없는 아름다운 가치에 대해 함께 생각해 볼 이유가 바로 여기에 있다. 만약 당신이 스스로에게 창조적이고 효율적으로 에너지를 사용할 기회만 제공할 수 있다면, 에너지는 우리에게 더 많은 것을 제공할 준비를 하고 기다리고 있다.

쾌락 에너지

쾌락이나 쾌감을 에너지로 규정할 수 있느냐는 많은 반론이 있을 수 있겠지만, 우리 인간의 삶 속에서 쾌락을 배제하고 행동과 사고의 원동력을 분석하는 것은 무의미하다.

우리 유기체의 삶 속에서 모든 에너지는 쾌락을 중심으로 질서 정연하게 모여 있으며, 쾌락 에너지는 우리가 어떤 일을 해내고 힘을 발휘하는 데 가장 강력한 동인으로 작용한다. 이것은 생래적으로 갖고 태어나는 것이라 떨쳐 낼 수도 없고 부인할 수도 없다. 아무런 학습도 선행되지 않은 갓 태어난 아기의 행동을 지켜보라. 옆에서 돌보는 엄마의 의사와 전혀 무관하게 쾌락의 중추가 시키는 대로 본능적으로 울고, 빨고, 배설한다. 이러한 이기적인 행동은 성장하면서 학습과 훈련이 더해지면서 점점 더 세련되고 정교한 모양으로 발전해 나간다.

평범한 회사원인 A 씨는 출근하자마자 동료가 건네주는 '커피 한 잔의 여유'를 즐긴다. 점심시간이 가까워 오면서 오늘은 어디서 뭘 먹을까 고민하다가 '새로운 맛집'에 점심을 맡긴다. 퇴근할 때가 다가오자 아내의 생일이라고 준비해 둔 선물과 함께 어떤 꽃을 사 들고 들어갈까 열심히 고민하다가 집 앞 꽃집에서 '싱그러운 꽃다발'을 안고 집에 들어간다. 반겨 주는 아이들과 '따스한 스킨십'을 하며 그는 하루의 피로를 씻는다.

A 씨의 이러한 하루를 분석해 보면 전혀 쾌락 지향적인 행동을 목격하거나 인지하지 못한다. 왜냐하면 그의 행동들이 너무나 익숙하고 자연스럽게 보이고, 우리는 쾌락이라고 하면 부정적인 선입견이 지배해서 그것을 죄악시하는 경향이 있기 때문이다. 하지만 A 씨가 한 네 가지 행동들 — 커피 마시고, 점심 먹고, 꽃을 사고, 아이들과 스킨십하는 것 — 은 모두 우리에게 적절한 보상과 쾌락을 제공해 주는 **극히 쾌락 지향적인 것들**이다.

우리가 그냥 일상생활 속에서 자연스럽게 행하는 '즐겁거나 의미 있어 보이는' 그런 행동이나 사고들이 전부 다 쾌락을 위한 것들이다. 심지어 아침에 일어나서 기지개를 켜고, 양치하고, 밥 먹고, 걷고, 일하고, 얘기하고, 잠자리에 드는 시시콜콜한 우리의 일상들도 엄격하게 말하면 모두 쾌락을 위한 행동들이다.

결국 우리는 **쾌락이라는 내비게이션**이 안내해 주는 대로 인생이라는 자동차를 운전하는 의존적이고 소극적인 드라이버에 불과하다. 이처럼 우리는 알게 모르게 쾌락의 노예가 되어 있다. 하지만 이러한 쾌락과 우리의 종속 관계는 누구의 강요에 의한 것이 아닌 자발적인 노예 계약이며, 합리성이 기반이 된 묵시적인 계약이다. 그래서 누구도 이 불합리해 보이는 계약을 파기하기를 원치 않는다. 다만 계약의 종류를 꾸준히 늘려 갈 뿐이다.

- 쾌락 지수

우리가 일상 속에서 무의식적으로 하는 습관적인 행동들이 쾌락이나 쾌감과 얼마나 관련이 있는지 연구한 과학자들의 결과를 참고해 보자.

술에 취함: 1
폭력을 행사했을 때: 2
음식을 통한 당 섭취: 3
운동/명상: 3
게임: 5
궁금증 해소: 5
목욕하기: 6
쾌변: 8
좋아하는 모임에 참석했을 때: 8
간지러운 곳을 긁을 때: 8
좋아하는 취미 활동을 할 때: 9
독서 삼매경에 빠졌을 때: 10
잃어버린 걸 찾았을 때: 10
허기질 때 식사: 10
누군가에게 위로 받을 때: 10
팀워크로 일을 할 때: 10

칭찬받았을 때: 13

한껏 웃을 때: 15

마음껏 울었을 때: 16

멋진 풍광을 봤을 때: 17

남의 험담을 할 때: 19

믿음에 대한 결실을 보았을 때: 20

합격 통보를 받았을 때: 20

어떤 일로 감동받았을 때: 20

숙면: 35

자신의 일에 대한 성취감: 45

봉사 체험: 50

여행: 55

섹스: 55

사랑하는 사람과 좋은 관계를 만들어 나갈 때: 80

도박: 115

마약: 150

과학자들의 연구 결과가 정량적인 수치로 나타나면 서열을 정하기 쉽고 일목요연하게 보기는 좋지만, 그 숫자에 너무 큰 의미를 부여하는 우려가 있기 때문에 참고 자료로만 보는 것이 좋다. 1부터 150까지 그 한계를 정해 놓고 어떤 상황들을 수치화해서 알기 쉽게 보여 주고 있는 이 데이터는 우리가 알고 있는 수준에서 이해할 만한 것도 있고, 과장되거나 의미가 축소되어 보이는 것도 있고, 의외인 것도 보인다. 특이한 것만 몇 가지 짚어 보자.

가장 의외로 보이는 것이 쾌락 지수 '50'을 보여 주는 '공포 체험'인데 이것은 부연 설명이 좀 필요하다. 우리가 극한의 공포나 고통을 느낄 때 우리 몸은 그것을 이겨 내기 위해서 진통제를 만들어 내는데 그것이 바로 '엔도르핀'이다. 우리는 엔도르핀을 쾌락과 기쁨의 호르몬으로 알고 있지만, 기본적으로 이것은 우리 몸을 고통의 상황에서 치유하기 위한, 전쟁터에서 큰 상처를 입은 군인에게 모르핀을 주사하듯이 쓰이는 일종의 마약이라고 생각하면 된다. 그래서 우리가 무시무시한 공포를 체험할 때 그만큼의 쾌감을 경험하는 것이다.

또 한 가지 이색적인 것은 우리는 칭찬받을 때(13)보다 남을 험담할 때(19) 더 쾌감을 느낀다는 것이다. 내가 잘되는 것보다 남이 안되는 것이 우리를 더 만족시킬 수 있다는 가능성을 보여 주는, 인간의 가장 추한 단면을 보여 주는 결과이다. 우리는 가지지 못하는 아쉬움보다 가진 것을 잃었을 때의 상실감을 더 크게 느끼며, 내가 갖고 있지 못한 것을 남이 가졌을 때 가장 깊은 분노를 느낀다.

가장 높은 수치를 보이는 것은 역시 마약이다. 마약 안전 국가를 자부했던 우리나라가 이제는 대학교 앞에서도 공공연하게 마약이 거래되는 위험한 지경에 이르게 되었다. 이 쾌락은 다른 것으로 대체되지 못하는 것도 문제이지만, 다른 중독에 비해 금단현상과 후유증이 치료 불가능할 정도로 심각한 경우가 많다. 이것에 대한 경각심과 바른 교육이 필요하다.

- 쾌락 중독

우리 현대인들은 누구나 한 가지 이상의 행동이나 대상에 중독되어 있다. 아무리 경건한 생활을 하는 사람도 마찬가지이다. 우리는 '중독'이라는 단어에 격한 거부감을 갖고 있기 때문에 본인은 아니라고 생각하는 사람도 있을 수 있지만 그렇지 않다. 우리는 많은 것에 중독되어 있는 생활을 영위하고 있다. '중독'이라는 단어의 기준이 애매하고 그것을 적용하는 상황마다 의미가 달라질 수 있지만 이해를 돕기 위해 그 개념을 정리해 보자면, **'자신이 하는 행동이 쾌감을 주고, 그래서 반복적이고 규칙적으로 이루어질 때가 많고, 가끔은 우리 뇌가 통제력을 상실한 것' 같은 느낌**이 든다면 그것은 어딘가에 중독되어 있는 것이다.

가장 정상적인 대한민국의 3인 가족의 예를 들자면, 보통 아빠는 골프나 주식 또는 일에 중독되어 있고, 엄마는 쇼핑 중독에 빠져 있고, 아이는 스마트폰에 중독되어 있다. 이러한 것들은 모두 앞에서 보여 준 쾌락 지수 항목에는 없는 것들이지만 명백하게 우리 생활 속에서 높은 쾌감을 전해 주는 활동들이며, 우리를 중독되게 만드는 매력적인 것들이다. 그래서 이러한 행동들을 중단하면 마약을 끊은 것과 같은 심각한 금단현상을 경험하게 된다. 이것이 자신이 어떤 것에 중독되어 있는지 아닌지를 판단하는 잣대가 될 수 있다. 어떤 행동을 중단하면 불안하고, 괜히 남에게 신경질을 부리고, 내 삶에 무언가 빠져 있는 것 같은 상실감을 느낀다면 중독을 의심해야 한다. 그리고 이 중독적인 활동이 더 지속되면 내성이 생기게 되고 내성을 극복하기 위해 더 자극적인 대상을 찾아 나서게 된다.

 이러한 것들 말고 우리가 건전한 활동이라고 생각하는 운동이나 취미도 모두 '중독'이라고 보면 된다. 필자는 낚시를 좋아하는데 가끔은 환경을 파괴하고 일상의 리듬이 깨져서 자제하려고 애쓰지만 계속 머릿속에는 고기가 잡혔을 때의 그 전율이 떠나지 않는다. 무엇보다도 나는 글 쓰는 것을 멈출 수가 없다. 이런 것을 중독이라고 한다.

 자영업을 하는 B 씨는 몇 해 전부터 코로나의 여파로 손님이 줄어도 가게 문을 닫을 수는 없고 상황이 좋아질 때까지 버텨야 하지만 에너지는 없어 취미거리를 찾다가 지인과 함께 산에 약초를 캐러 다니게 되었다. 처음에는 재미 삼아 이것저것 캐서 가게로 가져와 단골손님에게 주기도 하고 유리병에 술을 담아 약술을 담가서 장식장에 전시하기도 했다. 손님들이 그것을 보고 멋있다고 하자 그는 하나둘씩 약초를 담은 술병을 늘려 나갔고 나중에는 가게 전체가 술병으로 가득 차게 되었다. 여기서 멈추지 않고 B 씨는 더 좋은 약초를 구하기 위해 더 멀리 더 깊은 산속을 헤매고 다니게 되었고 점점 가게 일은 뒷전이 되었다. 남편이 없는 상황에서 혼자 가게를 꾸려 나가게 된 아내는 결국 병을 얻게 되고, 이어서 가게 문까지 닫게 되었.

 좀 극단적인 사례이기는 하지만 무엇보다 중요한 사실은 어떤 일에 푹 빠진 사람들은 자신이 중독 상태라는 것을 인지하지 못한다는 것이다. 만약에 위의 사례처럼 자신의 중독된 행동이 일상의 행동을 지배하고 가까운 사람에게 악영향을 미친다면 그것은 중독의 단계에서도 가장 중증에 해당하는 위험한 상태이다. 그러나 본인은 그저 취미 활동을 즐긴다고 생각할 뿐이다. 이처럼 우리 주위에는 개인의 취미나 기호라는 명분 아래 쾌락을 쫓아서 자신의 에너지를 소모하면서 동시에 가족들을 힘겹게 하는 사람들이 의외로 많다.

이렇듯 우리 현대인들의 생활은 자극과 쾌락 그리고 중독이라는 연쇄적인 굴레에서 벗어날 수 없는 어려운 지경에 처하게 되었다. 게다가 현대 자본주의 사회의 모든 산업이 이것을 부추기고 있으며, 우리는 이에 편승해서 무덤덤하게 쾌락의 강도를 올리고 있다. 이런 견지에서 조금 심각하게 유추하면 우리 사회가 마치 커다란 정신병원이고 그 안에 중독자들이 득실거리는 아수라장 상황이라고 해도 과언이 아니다. 이 시점에서 지금 우리가 할 수 있는 최선의 방법은 쾌락에 병들어 가는 우리 사회를 회복시킬 수 있는 현실적인 치유책을 모색해 보는 것이다. 모든 문제는 해결책이 있다.

- 쾌락과 고통의 연쇄 반응

쾌락에는 반드시 고통이 수반한다. 밤늦게까지 맛있는 치맥을 먹으면 다음 날 속이 편하지 않고 우리 몸의 뱃살은 길이를 더한다. 열심히 게임을 하고 나면 머리가 띵하고 밥맛이 없다. 잠도 잘 안 온다. 우리 입에 달게 느껴지는 것 중에 몸에 좋은 것이 없고, 즐거운 끝에 즐거움이 따라오는 경우는 거의 없다.

반대로 역방향으로 **고통이 쾌락을 증진시키기도 한다.** 겨울에 찬물에 들어가거나 숨 막히게 뜨거운 사우나를 할 때 일반적인 도파민보다 2배 이상 진한 농도의 도파민이 분비된다. 우리가 이런 것을 반복적으로 하는 사람들을 기인처럼 봤지만 다 이유가 있는 것이었다. 고통도 쾌락을 수반한다. 그래서 결론적으로 쾌락과 고통은 끊임없는 연쇄 작용을 일으키게 된다.

쾌락 중독 전문가 스탠포드 대학의 애나 렘키 교수는 우리 뇌 속에 '쾌락-고통 저울'이 있다고 한다. 이 저울의 양쪽에는 쾌락과 고통이 올려져 있고 저울은 수평을 맞추려고 항상 애쓰는데, 만약 한쪽에 쾌락이 쌓여서 그쪽으로 기울게 되면 수평 상태를 유지하기 위해서 반대편 저울에 고통이 늘어나게 된다. 이 고통은 보통 불안이나 공허함의 형태로 나타나고, 이 고통을 이겨 내기 위해 우리는 더 큰 자극과 쾌락을 추구하게 되는 연쇄 반응이 일어나게 된다. 이런 식으로 우리의 뇌 속 저울은 시소처럼 끊임없이 움직이면서 쾌락에 대한 내성이 증가하고 그에 따라 더 강한 자극을 찾으려는 암울한 연쇄 반응은 쉬지를 않는다.

우리는 이 저울의 움직임을 멈춰야 한다. 가장 좋은 방법은 쾌락이 올려져 있는 접시를 비우는 것이다. 그러면 수평 저울은 균형을 맞추려 양팔을 벌리고 가만히 멈추게 된다. 하지만 쾌락을 내려놓는 일이 그리 쉬운 일이 아니다. 쾌락을 내려놓는다는 것은 그것 자체도 힘든 작업이지만 엄청난 후유증을 감수해야 하기 때문에 더욱 어렵다. 그러나 만약 자신이 관심이 있어서 빠져 있는 일이 자신뿐만 아니라 **주위 사람들에게 고통을 주고 있는 것**이라면, 정신병리학적으로 중독 여부와 관계없이 그 일을 내려놓아야 한다.

　결론적으로 자신이 하고 있는 일이 직장이나 가정에 해를 끼칠 수 있는 것이라면 그것이 무엇이든 중단해야 한다. 그런데 중독된 본인은 보통 이런 판단을 하기 힘들기 때문에 무엇보다도 '통찰'을 필요로 하는데, 이 통찰은 본인이 불가능하다면 외부로부터 올 수도 있다. 보통 가족이나 절친 정도가 이것을 해 줄 수 있는 도우미 역할을 할 수 있을 것이다. 우리가 알코올 중독자를 병원에 입원시키듯이 가족이나 친구 중에 문제 되는 행동에 빠져 있는 사람이 있다면 주위에서 용기 있게 말해 주는 것이다. 이럴 때는 반드시 얼굴을 마주 보고 하지 말고 문자로 해야 한다. 면전에서 솔직한 얘기를 해 버리면 듣는 사람은 즉각적이고 무조건적인 방어기제를 형성해서 내용을 담을 시간도 없이 얘기가 끝나 버리게 되고, 이렇게 되면 실패할 가능성이 매우 높다. 장문의 문자로 상황과 사랑을 담아 표현해야 한다.

　공무원인 C 씨는 친구의 권유로 코인에 손을 댔다가 엄청난 돈을 날리고, 집을 담보로 대출을 받아 이번에는 전문가의 도움을 받아 주식투자를 시작했다. 하루에도 손익이 수백만 원씩 왔다 갔다 하다 보니 일에 집중할 수도 없고, 집에 들어와서도 투자 종목 연구한다고 가족들과 대화가 끊긴 지 오래다. 항상 집에 들어오면 자신과 대화를 나누고 얘기를 들어 주던 아빠의 변한 모습을 보고 고등학생 딸이 용기를 내어 문자를 보냈다.

"아빠, 안녕~ 아빠랑 정말 오래간만에 얘기해 보는 것 같네. 핸드폰으로 하고 있지만. 아빠! 나는 어렸을 때부터 아빠가 가장 자랑스러웠고 아빠 같은 사람과 결혼하려고 지금도 남자친구 한 번 못 사귀어 본 거 알지? 크크~ 아빠 나는 아빠가 가장 좋았던 게 항상 집에 들어오면 내 하소연, 넋두리를 들어 주던 아빠의 모습이야. 그런데 요즘 아빠가 조금 달라진 것 같아. 너무 무뚝뚝하고 무표정해졌어. 그렇게 다정다감하던 아빠가. 물론 아빠가 가장으로서 경제적인 문제로 그렇게 힘들어하는 건 엄마나 나나 잘 아는데, 아빠~ 정말로 엄마나 내가 원하는 건 아빠가 돈을 많이 벌어 오는 게 아니라 예전처럼 같이 맛있는 것도 먹고 얘기도 많이 하고 지내는 거야. 아빠의 지금 상황을 아빠만큼 이해할 수는 없지만, 지금 우리 가족은 아빠의 무엇이 필요한 게 아니라 그냥 아빠가 필요한 거야. 그래서 아빠 딸은 아빠가 지금 열중하고 있는 걸 조금만 내려놨으면 좋겠어. 엄마랑 내가 열심히 도와줄게. 그러면 우리 가족은 예전처럼 행복해질 수 있을 거야. 다른 건 아무것도 필요하지 않아. 나는 그냥 예전의 아빠가 필요해. 아빠 사랑해~"

사랑하는 딸의 이런 편지를 받고도 자신의 행동을 그만두지 못하는 아빠가 있을 수도 있겠지만, 적어도 자신의 상황 인식은 할 수 있게 만들 수 있다는 데 이러한 노력의 의의가 있다. 그리고 이러한 문자를 받는 사람이 정상적이라면 그 내용을 보고 많은 생각을 한다. 보통은 사랑하는 사람의 애절한 충고를 외면하지 않는다. 어느 집안을 가 봐도 가족 구성원 중에 한 명 정도는 어떤 것에 못된 버릇이 들어 있는 사람들이 있기 마련이다. 그럴 때 아빠에게 딸이 편지를 보낸 것처럼 남편이 아내에게, 엄마가 아들에게 이렇게 도움을 줄 수 있는 방법이 있다. 그리고 엄청난 효과를 볼 수 있다.

세상에서 가장 힘든 것 중에 하나가 습관을 바꾸는 것이다. 그것도 그냥 습관이 아니라 쾌락이라는 보상으로 강화된 학습의 결과물을 바꾸는 것은 성격을 바꾸는 것만큼이나 어렵다. 그래서 중독에 빠진 사람들을 그것에서 탈출시키는 데는 사랑하는 가족이나 지인의 도움이 결정적 역할을 하는 경우가 많다.

그리고 다음으로는 말할 필요도 없이 본인의 노력이 필요하다. 주위의 도움 없이 자신이 스스로 쾌락 충동을 줄이기 위해서는 무엇보다도 그 대상에 대한 **물리적 자극을 없애는 것**이 가장 중요하다. 홈쇼핑 중독에 빠져 있다면 채널을 그쪽으로 돌리지 않는 게 급선무이고, 스마트폰에 중독되어 있다면 전원을 꺼 두거나 보지 않으면 된다. 물리적 거리두기가 처음엔 쉽지 않기 때문에 시간을 정해 놓고 조금씩 늘려 나가는 방법도 좋다. 중독 치료 기관에서 쓰는 방법도 이것이다.

'눈에서 멀어지면 마음도 멀어지는 법'이다. 우리 뇌는 이럴 때 적극적으로 우리를 도와준다. 커다란 지우개로 쾌락 대상과의 멋진 추억을 하나씩 지워 나간다. 하지만 강력한 도파민을 만들어 냈던 짜릿한 추억은 항상 뇌리에 계속 남아 있기 때문에 다신 촉발되지 않도록 자극을 주지 않아야 한다.

트로이 전쟁의 영웅 율리시스는 고향으로 돌아가기 위해 항해를 떠난다. 항해 도중 그는 뱃사람들을 노래로 유혹해서 죽음에 이르게 하는 사이렌 섬을 지나가야만 했다. 그래서 율리시스는 자신과 선원들을 위해 결단을 내린다. 선원들의 귀를 모두 솜과 왁스로 막고, 자신을 돛대에 묶어 버린다. 결국 이러한 조치는 효과를 발휘했고 그와 선원들은 사이렌의 유혹으로부터 목숨을 건질 수 있었다. 이것을 '율리시스 계약'이라고 한다. 현재의 자신이 미래의 바람직한 자신을 만들기 위해 제약과 규칙을 만들어 내는 것을 의미한다. 현재 몰입되어 있는 나쁜 습관으로부터 벗어나기 위해서 우리는 율리시스처럼 **자신을 구속하고 통제하는 계약**을 할 수 있다. 이것은 중독 상황에서 벗어나는 좋은 방법이 되기도 하고, 삶의 목표감과 성취감을 얻게 되는 기분 좋은 방편이기도 하다.

우리나라는 몇 가지 심각한 중독을 제외하고는 다른 시시해 보이는 중독에 대해서는 상당히 관대한 편이다. 예를 들어 술과 담배가 그렇고, 특히 취미나 기호와 관련된 것은 그 사람의 인격과 관련되어 있다고 생각되어 더욱 존중해 주는 문화가 보편적이다. 하지만 **혼자 사는 사람이 몰래 하는 마약보다 가족의 행복을 해치는 어떤 사람의 고상한 취미가 훨씬 더 해롭고 무서운 것**이다.

- 쾌락을 즐기는 법

우리는 쾌락 에너지에 대해 살펴보고 있다. '에너지'란 기본적으로 좋은 것이다. 그래서 쾌락으로 인해 만들어지는 에너지도 좋은 것이다. 앞에서 과다한 도파민의 분비로 심각한 중독 현상을 경험할 수 있고 그것이 얼마나 위험한지 알아봤지만, 만약 도파민이 분비되지 않으면 우리는 심각한 우울증, 불안증, 무기력감에 시달리게 된다. 이러한 정신질환은 중독보다 더 무서운, 죽음에까지 이르게 만드는 질병이다. 그래서 이렇게 정신적으로 취약한 상태가 지속되면 어떤 사람이든 다시 중독에 빠지기 쉬운 상황이 된다. 결론적으로 우리는 **도파민이 많이 분비돼도 중독에 빠지고, 도파민이 부족해도 중독 상태로 들어가기 쉽다.**

또한 신경정신학적 증상 말고도 도파민이 부족하면 파킨슨병과 같은 운동성 장애가 발생한다. 도파민은 호르몬은 아니지만 마치 호르몬처럼 작용하여 우리 몸을 원활하게 움직이는 데 결정적인 역할을 하며 그것이 부족하면 운동성 질환까지 야기한다.

그러면 어떻게 우리는 과하지 않고 부족하지도 않은 도파민 상태를 유지하며, 건강하고 즐거운 생활을 지속할 수 있을까? 그것은 의외로 간단하다. 우리 생활 속에 '작은 쾌락'을 만들어 나가는 것이다. **잔잔하고 소소하고 오밀조밀한 자그마한 쾌락**들로 우리 생활을 채워 나가는 것이다.

이러한 '**소락(小樂)**'을 우리 삶 속에 만들어 나가는 방법에는 크게 두 가지 방법이 있을 수 있다. 하나는 기존에 자신이 루틴하게 하던 일상 속에서 보이지 않던 쾌락을 찾아내는 방법이고, 두 번째는 색다른 쾌락을 캐낼 수 있는 새로운 일을 만들어 나가는 것이다.

먼저 **우리 일상 속에 밋밋하게 지나가는 일들에 의미와 쾌락을 찾**

아내는 방법을 생각해 보자. 이 작업을 해 나가기 위해서는 우선 내 안에 관찰자로서의 다른 자아를 하나 더 만들어야 한다. 우리 일상에는 무의식적으로 하는 일이 너무 많기 때문에 자신의 행동을 하나하나 분석하기 위해서는 엄밀한 관찰자로서의 새로운 자아를 만들고, 그 자아가 자신의 행동을 정밀하게 관찰해 나가면 된다. 그리고 패턴화된 행동이 분석되면 그것에 의미를 입혀 나가야 한다. 예를 들어 아침에 일어나자마자 커피를 마시는 사람이 있다면 한여름 콜라 마시듯 벌컥벌컥 마시지 말고 냄새부터 천천히 음미하고 커피가 입속에서 맴돌며 목을 통해 넘어가는 순간순간을 느끼려고 애를 쓰면서 마셔 보자. 몸과 마음이 무거운 아침에 조금은 커피 마시는 즐거움으로 가벼움을 더할 수 있다. 또한 회사 앞 주차장에 매일 자동차를 주차하는 사람이라면, 주차선에 자신이 운전하는 차가 정확하게 들어갈 때 주는 쾌감을 즐길 수도 있고, 가장 많이 하는 것이지만 퇴근하고 집에 들어와 캔 맥주를 앞에 놓고 밀린 넷플릭스나 유튜브를 보는 것도 작지만 정말 커다란 낙이 될 수 있다.

사람들을 관찰해 보면 어떤 사람들은 정말 재미있을 것 같은 일을 하면서 너무 덤덤하게 마치 의식을 치르듯이 지겨운 표정으로 하는 사람도 있고, 반대로 직장에서 일을 하면서도 모든 업무를 즐기는 것처럼 하는 사람도 있다. 자기가 하는 **행동에 의미를 부여하고 혼자 즐거워하는 것**은 어찌 보면 민망하고 생뚱맞아 보이지만 아무도 당신을 지켜보는 사람은 없다. 또 남이 보고 있으면 어떤가. 그냥 순간을 즐기면서 살려고 노력하면 된다. 그렇게 살다 보면 출근할 때마다 보이는 상점 간판들이 달라 보이고, 주말마다 걷는 산책로의 풍광이 달라 보이며, 매일 만나는 사람들의 표정이 다른 의미로 다가온다. 그리고 그것을 조금씩 즐길 수 있게 된다. 온 세상이 즐거운 일 천지라는 것을 깨닫게 되는 순간 우리 삶은 가장 풍요롭고 아름다울 수 있는 조건을 갖추게 된다.

두 번째 소락을 만드는 방법은 **새로운 습관이나 취미를 만들고 그것을 즐기는 방법**이다. 단, 여기서 조건은 많은 시간을 투자해야 하는 취미에 다시 몰입하면 안 된다는 것이다. 그렇게 되면 또다시 중독에 빠져서 소락을 즐길 수 없게 된다. 아주 사소하고 안 해도 그만인 새로운 취미나 습관을 만들어 나가야 한다. 예를 들어 스타벅스 갈 때 미디 컵을 수집한다거나, 다이어리나 일기장을 새로 사서 무언가를 기록해 본다거나, 중고 사이트나 중고 매장에서 자신이 좋아하는 브랜드나 스타일을 찾아 모으는 것들이다. 자기가 정말 좋아하는 종류의 물건을 찾아 앞에 놓고 즐기는 쾌감은 해 본 사람만 알 수 있다. 이 취미의 단점은 그것이 나중에 쌓이면 박물관 수준이 되는 것이 문제인데, 요즘은 중고 사이트가 활성화되어 있어서 언제든지 교환하고, 새로운 종목으로 전환할 수도 있다.

같은 맥락에서 무언가를 **창작해 나가는 것**도 소락을 즐기는 훌륭한 방법이다. 그림에 소질이 있으면 그림을 시작해 보면 되고, 음악에 소질이 있으면 작곡을 해 보면 된다. 손재주가 좋은 사람은 목공예나 종이접기 같은 것도 더할 나위 없이 좋다. 이것도 저것도 자신은 아무 재주가 없다고 생각하는 사람은 캘리그라피나 네일아트 같은 것을 배워 보는 것도 좋다. 여기서 중요한 것은 전문가적 수준이 필요한 것이 아니라, 자기만족이고 자신이 즐거우면 된다는 것이다. 다른 사람들이 자신의 작품을 인정해 주면 더욱 좋겠지만, **소락을 즐기기 위한 취미는 나를 만족시키기 위한 것이다.** 내가 보고 만족스러우면 된다.

만들고 집중하는 것이 싫은 사람들은 쇼핑 장소를 바꿔 보는 방법도 있다. 대형마트에 주로 가던 사람들은 새롭게 재래시장에서 장을 보는 것이 색다른 맛을 느끼면서 즐거움으로 다가올 수도 있고, 시장 상인들의 모습에서 생기를 배울 수도 있다.

이러한 소락을 일상 속에서 즐기는 전략은 우리 삶을 질적으로 다르게 재구성해 줄 뿐만 아니라 자신이 현재 빠져 있는 어떤 중독 상태를 자연스럽게 벗어나게 하는 훌륭한 치유책도 될 수 있다. 그래서 **소락을 우리 생활 전반에 깔아 놓는 것은 일종의 나쁜 바이러스가 침입하지 못하도록 방어망을 구축하는 것과 같다**고 생각하면 된다. 어떤 한 가지에 빠져서 인생을 허비하는 것도 막아 줄 수 있을 뿐만 아니라, 인생을 좀 더 탄력 있고 건강하게 만들어 준다.

쾌락이라는 단어는 우리에게 부정적으로 낙인이 찍힌 말이지만, 이것이 없으면 우리 삶에 생동감도 없고, 리듬감도 없다. 쾌감을 느낄 때마다 나오는 도파민이 직접적으로 에너지를 만들어 내지는 못하지만, **삶에 윤활유가 되고 생기와 활력을 불어넣는 진정한 에너지로서의 역할**을 하고 있기 때문이다. 그래서 보다 적극적이고 진취적인 삶을 위해서 쾌락 에너지는 우리에게 꼭 필요하다. 다만 날카로운 칼을 어떻게 활용하느냐에 따라 좋은 조리 도구가 될 수도 있고, 나쁜 흉기가 될 수도 있는 것처럼, 쾌락을 이용하는 우리에게 생각하고 판단해야 하는 몫이 남겨져 있을 뿐이다.

역사 속의 에너지

잠시 머리를 식히는 의미에서 역사에 대해 생각해 보자. 역사는 지나간 과거이지만, 끊임없이 현재를 규정하고, 다시 현재는 과거의 역사를 제한한다. 이렇게 과거와 현재는 서로 절대적인 영향을 주고받으며 불가분의 관계를 유지해 왔고, 그 역사의 수레바퀴는 항상 진행형이다. 그래서 현재라는 무거운 짐을 질 미래의 실체들이 아직 결정된 것이 아무것도 없기 때문에 우리는 아무도 지나간 역사에 대해 단언할 수 없고, 확신할 수도 없다.

다만 우리는 알 수 없는 미래를 조금이라도 분명하게 하고 싶어서 과거를 들여다보고, 그곳에서 약간의 미래에 대한 실마리와 교훈을 얻고자 한다. 어느 시대, 어떤 장소든 상관없이 적용할 수 있는 보편성이 존재하고 그것을 찾아낼 수 있다면 우리의 미래는 조금은 넉넉해지고 따뜻해질 수 있을 것이다. 그것이 역사를 조망하고 연구하는 이유가 된다.

- 탐욕의 역사

우리가 세상을 바라보는 관점은 크게 실존적 세계관과 역사적 세계관으로 나누어 볼 수 있다. 실존적 세계관은 현실 속에서 내가 경험하고 이해한 것을 토대로 만들어진 관점이고, 역사적 세계관은 현재를 만든 과거와 현재가 만들어 낼 미래의 흐름 속에서 세상과 나를 이해하는 방법이다. 두 가지 세계관 모두 우리에게 필요하지만, 나와 현실이 갖고 있는 진정한 의미를 알아내려면 역사적인 흐름과 맥락 속에서 우리를 진단하고 이해하는 노력이 요구된다.

우리 인류의 지나온 역사를 조망해서 한마디로 요약해 보면 '탐욕의 역사'라고 말할 수 있다. 이 표현은 지나치지도 않고 부족하지도 않다. 우리는 이 '탐욕'을 위해서 살아왔고 미래도 크게 다르지 않을 것이다. 인간은 태어날 때부터 '욕망 덩어리'를 갖고 태어난다. 이 유전자는 너무 강력해서 어떤 유전인자보다도 우선적이며 압도적이다. 줄어들거나 소멸되지 않으며, 인류의 역사나 개인의 역사 속에서 계속 개발되고 발전되어 나간다. '살고 싶은 욕망', '편안해지고 싶은 욕망', '많이 갖고 싶은 욕망', '남보다 위에 서고 싶은 욕망' 등이 우리 역사를 만들어 왔으며, 규정해 왔다. 여기에다가 앞 장에서 언급한 '쾌락'을 위한 욕망까지 가세해서 우리의 역사는 온통 욕망의 누더기 같은 행색을 모면하기 어렵다.

편의상 우리가 역사를 삼분법에 따라 고대, 근대, 현대로 나누어 볼 때 '욕망의 수레바퀴'는 계속 굴러왔지만, 그것이 근대를 지나 현대로 오면서 더욱더 커지고, 강해지고, 정교해지고 있는 느낌을 지울 수 없다. 그것은 아마도 현대인들의 정보력이 다양한 간접 경험을 가능하게 하고 있기 때문일 것이다. 고기도 먹어 본 놈이 먹고, 돈도 써 본 놈이 잘 쓴다. 직간접적으로 너무나 많은 정보에 노출되고 그에 따른 다양한 경험을 하기 때문에, 아는 것이 많아진 우리들은 하고 싶은 것도 많고, 갖고 싶은 것도 더 많아졌다.

이러한 **현대인의 학습된 탐욕 에너지**는 고대 사람들의 순수한 에너지와는 달리 아주 세련되고 정밀해졌으며, 힘까지 강해져서 그야말로 힘과 기술을 모두 갖춘 그야말로 슈퍼 울트라 에너지가 탄생하게 된 것이다. 우리 몸에 축적된 이 욕망의 에너지 DNA는 고스란히 후대에 전해지고 후손들은 그 위에 더 새롭고 정교한 것들을 추가하여 계승하고 발전시켜 나갈 것이다. 그래서 역사를 통해서 본 미래는 다소 암울할 수밖에 없다.

산업혁명 이후 본격화된 우리의 발전되고 편안해진 모습 속에 우리는 더욱더 큰 탐욕의 에너지를 키우고 있다. 그리고 그 결과는 너무 비참한 지경이다. 만 미터 해저 깊은 곳에서 플라스틱 조각이 발견되고, 일본 원전에서 방류한 폐기물이 언제 우리 바다를 오염시킬 줄 모르는 위험 속에서 우리는 살아가고 있다. 우리 식탁에 오르는 맛있는 고등어가 방사능에 알맞게 절여져 있고, 세포 조직 속에는 미세 플라스틱 양념이 되어 있는 것을 볼 수 있는 슬픈 현실이 머지않았다.

어떤 인류 과학자 말대로 잠깐 멈추어야 한다. 그리고 뒤로 가는 연습도 좀 해야 한다. 그러나 우리는 근대 이후 과학이 주는 달콤한 마약에 길들여져 있어서 그것을 중단할 수 없다. 오로지 개발과 발전만이 금단현상을 없애고 과학을 즐기는 방법이 되어 버렸다. 탐욕의 거대한 에너지 눈덩이는 아무도 멈출 수도 없고 그 크기와 속도는 오직 증가할 뿐이다. 그 눈덩이에 깔려서 우리 후손들이 신음하고 고통스러워 할 모습은 앞으로 영화 속의 장면이 아니다.

우리 역사를 이끌어 온 탐욕은 진짜 주인공인 우리를 몰아내고 당당하게 현대인들의 삶 속에 주인 행세를 하고 있다. 그 탐욕 아래 노예가 되어 버린 우리들의 머리는 생각하는 힘도, 분별하는 능력도 사라진 지 오래다. 주인을 잃은 우리의 역사는 방향과 좌표를 잃고 헤매고 있다. 우리가 탐욕을 밀어내고 다시 역사의 주체로 자리 잡는 일만이 우리 자신과 역사의 정체성을 회복하고 방향을 바로 잡을 수 있는 해법이다. 조금씩 욕심을 내려놓는 연습을 해 보자. 사랑하는 자녀와 후손들을 위해서.

- 마르크스의 물질적 역사관

20세기 역사를 가장 복잡하고 고통스럽게 만든 학자는 단연 칼 마르크스이다. 그의 이론은 사회주의라는 시스템을 만드는 데 결정적인 영향을 주었고, 공산주의라는 개념의 기본 의미처럼 모두가 함께 잘사는 그런 사회의 건설은 아쉽게도 지구촌 곳곳에서 실패로 돌아간 것으로 보인다. 그리고 우리나라는 덕분에 아직도 분단 현실을 극복하지 못하고 있다.

마르크스는 역사를 5분법으로 나타냈다. 기존의 삼분법 ― 고대, 중세, 근대 ― 앞에 원시 공산주의를 그리고 그 맨 뒤에 공산주의를 설정해서 5단계로 역사가 진행된다고 보았다. 다른 모든 사관들은 역사의 해석 과정에서 인물과 사건을 중시하는 데 반해, 마르크스는 '생산 수단'과 '생산량'을 역사를 움직이는 가장 중요한 요인으로 생각했다. 생산 수단을 갖고 있는 계급과 그것을 갖고 있지 못한 집단과의 끊임없는 갈등이 역사의 원동력이 되며, 자본주의 또한 투쟁의 과정을 거쳐 모두가 평등한 공산주의 사회가 도래할 것이라고 그는 역설했다.

사회주의처럼 이상적이면서 완벽한 사회 시스템은 지구상에 존재한 적이 없다. 하지만 같이 열심히 일해서 그것을 균등하게 나누어 쓰고 먹는 공동체는 역사적으로 소집단에서 간헐적으로 존재해 왔지만, 국가적인 차원에서 적용되어 성공하기는 참으로 버겁다. 그 이유는 앞에 언급한 인간의 **'탐욕'** 때문이다. **이 욕망이 공공선을 이루려는 공동체의 공동 목표보다 훨씬 강하고 자극적이기 때문에** 인류는 절대로 사회주의 국가를 만들어 낼 수가 없다. 이 사회주의가 성공하려면 구성원들 각각이 뛰어난 분별력과 절제력을 갖추어야 하며, 특히 지도층이 탁월한 도덕성으로 무장되어야만 가능하다. 그러나 이것은 현실적으로 불가능하며, 사회주의가 완전히 망한 중국과 러시아가, 그리고 아직도 공산주의 체제를 버리지 못하고 있는 북한이 그

증거들을 현실적으로 극명하게 보여 주고 있다.

우리는 좋든 싫든 우리의 '탐욕'을 담기 위해서 자본주의라는 그릇을 선택했고, 대안이 없는 한 이 체제는 계속 유지될 것으로 보인다. 자본주의 체제 안에서 우리의 욕망은 무한대로 격려받고, 지구촌 곳곳에서 욕망의 괴물들은 수많은 사고와 끔찍한 범죄를 만들어 내고 있다.

결론적으로 얘기하면, 사회주의도 자본주의도 우리의 탐욕을 길들이고 잠재우는 데는 실패한 것으로 보인다. 그래서 우리가 살아가는 사회가 어떤 색깔의 시스템을 갖추고 있는지는 그다지 중요하지가 않다. 중요한 건 우리가 살아가는 환경이 우리를 규정짓는 것이 아니라, 우리 자신이 우리의 삶을 결정해 나가야 한다는 것이다. 물론 북한처럼 인간의 기본권도 무시되는 취약한 곳에서 살면 어려운 환경에 처하는 것은 틀림없지만, 어디에서 사느냐, 어떤 가정에서 태어났느냐는 근본적으로 중요하지 않다. 결국 가장 중요한 것은 개인의 판단과 책임이다. 어떻게 **분별과 지혜와 통찰을 갖고 자신의 삶을 꾸려 나가느냐**가 삶의 본질이고 핵심이다.

역사 자체를 주체로 보았을 때, 우리들 스스로는 자신만의 명분을 다하기 위해서 열심히 노력하고 있다고 생각하지만, 사실은 필연적인 역사 에너지의 흐름에 우리는 들러리를 설 뿐이다. 우리 각 개인은 주어진 역할을 마치면 역사의 무대에서 곧 사라지고 다시 역사는 커다란 방향성을 갖고 어디론가 흘러간다. 그래서 아무도 그 큰 물줄기의 방향을 바꿀 수는 없다. 하지만 산속의 맑은 계곡물이 강물이 되고 바다에 이르듯이 **우리들의 분별 있는 작은 행동**이 역사 에너지의 방향을 조금이라도 바꿀 수 있는 **살아 있는 에너지**가 될 수 있다는 것 역시 부인할 수 없는 사실이다. 미래의 깨끗한 역사 에너지는 우리가 지금 만들어 내는 에너지로 만들어진다. 과거의 모든 인간의 족적이 역사를 이루어 왔듯이, 지금 우리들의 작은 노력이 미래의 후손들에게 조금은 긍정적인 역사를 제공할 수 있다. 이것이 현재를 살아가고 있는 우리들의 가장 부담스러운 숙제이자 의무이다.

에너지의 전환과 한계

과학에서 에너지는 여러 형태의 다른 에너지로 전환이 가능하다. 우리가 사용하는 핸드폰의 예를 들면, 핸드폰 충전은 전기 에너지가 배터리의 화학 에너지로 전환되는 과정이고, 화면은 전기 에너지를 빛 에너지로 바꿔 주는 장치이며, 벨 소리나 스피커는 전기 에너지를 소리 에너지로 전환하는 것이다. 이렇게 에너지의 형태가 자유롭게 바뀌더라도 에너지의 총량은 변함이 없는데 이것을 '에너지 보존의 법칙'이라고 한다.

마찬가지로 우리 인간의 에너지도 총량이 정해져 있다. 게다가 과학적 에너지가 전환되면서 열에너지로 조금씩 소멸되듯이 우리 인간도 나이가 들면서 총량은 점점 줄어든다. 우리 안에 흐르고 있는 에너지의 전환과 한계에 대해서 고찰해 보자.

- 역학적 에너지의 보존

역학적 에너지란 물체가 갖고 있는 위치 에너지와 운동 에너지를 합해서 이르는 말이다. 중력의 지배를 받고 있는 이 세계는 물체가 하늘로 올라갈수록 잠재적인 위치 에너지는 커지고 움직이는 속도는 떨어져 운동 에너지는 감소하게 된다. 반대로 물체가 공중에서 떨어질 때는 지면에 가까워질수록 운동 에너지는 증가하고 위치 에너지는 감소하게 된다. 이 에너지를 이용한 것이 놀이공원의 롤러코스터이다. 천천히 가슴 졸이며 올라가던 열차가 에너지를 모아서 밑으로 그리고 다시 원을 그리면서 돌아갈 수 있는 에너지의 원활한 전환이 이루어진다.

그런데 여기서 가장 중요한 것은 에너지 보존의 법칙에 따라 위치 에너지와 운동 에너지가 서로 역동적으로 상쇄하는 기능을 한다는 것이다. 운동 에너지가 줄어들면 줄어든 만큼 위치 에너지가 늘어나고, 위치 에너지가 늘어난 만큼 운동 에너지는 줄어든다. 전체 에너지 안에서 한 가지 에너지의 사용이 다른 에너지의 사용을 제한하는 뚜렷한 결과를 초래하는 것이다.

그런데 이 **에너지의 상쇄 작용이 우리들이 사용하는 일상 에너지에도 적용된다는 것**은 그 시사점이 중요하고 매우 심각하다. 어떤 시점을 놓고 생각해 볼 때 우리가 사용할 수 있는 에너지의 총량은 이미 정해져 있고, 그 안에서 우리가 에너지를 여러 가지 형태로 전환하며 사용한다고 하면, **어떤 일에 에너지를 쓰는 만큼 우리는 다른 곳에**

에너지를 쓰지 못할 수밖에 없다는 것이다. 이러한 사실은 명백하게 우리 생활을 제약할 수 있고 삶의 질을 현격하게 떨어뜨릴 수도 있다.

이 사실을 뒷받침하는 이론이 '에너지 채널' 이론이다. 우리 안에는 언제나 많은 여러 가지 욕망의 에너지가 충만해 있다. 그런데 이러한 에너지는 동시다발적으로 표출될 수 없으며, 한 번에 한 가지 욕구 에너지만 처리된다는 원칙이 '욕구 에너지 채널' 이론이다. 그래서 우리가 어떤 행동을 할 때 다른 에너지들은 사라진 게 아니라, 자기 채널을 눌러 주기만 기다리고 있는 상태라고 보면 된다.

철제로 만든 우리 안에 암컷 생쥐와 수컷 생쥐를 넣고 연구자들이 실험을 했다. 자연스러운 상태에서 암컷과 수컷은 서로에게 호감을 느끼며 관심 있는 표현과 행동을 한다. 이때 실험자들은 수컷의 뇌에 물건에 대한 욕망과 관련된 회로에 전기 자극을 준다. 그러면 갑자기 수컷 생쥐는 암컷 생쥐에 대해 아무런 관심도 보이지 않고 욕망의 채널이 바뀌어서 옆에 있는 물건에 급 관심을 보이기 시작한다.

- 일상 속의 에너지 전환과 소멸

평범한 전업주부인 D 씨는 특별한 취미도 없고 그냥 살림하고 남편과 아이들 돌보는 일이 천명이라고 생각하고 즐겁게 하루를 살아가고 있었다. 그런데 어느 날 한가한 오전에 친구에게 전화가 왔다.

그 친구는 단 1초라도 가만히 있지를 못하고 입으로는 떠들고 몸으로는 움직이는 그야말로 에너지가 충만한 백만돌이 같은 여자였다. 내성적인 성격의 D 씨와는 학교 때부터 잘 맞지 않았지만 가까운 아파트에 살게 된 걸 알게 된 이후로는 가끔 전화도 하고 차도 마시는 사이가 되었다.

그날도 아무 일 없는 것처럼 전화를 한 그 친구는 느닷없이 주말에 시간이 되느냐고 물어 왔다. 이야기의 내용은 자기가 응원하는 가수 공연을 보러 지방까지 가는데 누가 펑크를 내서 자리가 하나 남는다는 것이었다. 처음에는 극구 거절했으나 공짜인 데다가 갱년기 장애로 약간의 우울증을 갖고 있던 터라 바람이나 쐬자는 의미로 같이 가 보기로 약속을 했다. 고속버스를 타고 똑같은 옷을 입고, 똑같은 목도리를 두르고 반복되는 똑같은 노래를 들으면서 D 씨는 어떤 일체감과 함께 강한 해방감을 느끼기 시작했다. 실제 공연 현장에서는 가수의 얼굴이 콩알만큼 작게 보이지만 같이 노래를 따라 부르고 분위기에 취해서 느껴 보는 행복은 처녀 시절에도 느껴 보지 못한 그야말로 황홀함 그 자체였다.

공연을 갔다 와서 D 씨는 바로 팬클럽에 정식 등록을 했고, 그 친구와 함께 그 가수의 모든 행사와 일정에 동참하기 시작했다. 전국 투어를 할 때면 각 지방 스케줄을 가수와 함께 소화했으며, 그 가수가 TV에 얼굴이 나오는 프로그램이 있으면 먼저 체크해 놓고 그 시간은 무조건 열일 미뤄 놓고 본방 사수를 한다. 이러한 D 씨의 변화에 가족들은 처음에는 너무나 긍정적으로 응원을 아끼지 않았다. 한층 밝아진 아내의 태도에 남편은 좋아했고 아이들도 적극적으로 변한 엄마가 싫지 않았다. 하지만 이런 날들이 반복되면서 문제가 생기기 시작했다. 일단 항상 집 안에서 그 가수의 노래를 크게 틀어 놔서 고3인 큰딸과 마찰이 생기기 시작했고, 출근할 때 남편이 입을 와이셔츠도 없고 아침 준비도 안 되어 있는 부실한 하루의 시작이 반복되고, 급기야는 둘째 학원비도 까먹고 안 보내고, 냉장고는 텅텅 비어져 가는 총체적 난국이 시작된 것이다. D 씨도 이 상황을 인지하고 집안일을 예전처럼 잘해 보려고 애썼지만 거의 모든 에너지가 그 가수와 팬클럽 활동에 몰려 있어서 다른 곳에 에너지를 쓰거나 집중을 하는 것이 쉽지 않았다.

이처럼 우리들의 삶은 한 가지에 에너지를 쏟으면 그 밖의 다른 것들의 에너지를 뺏어 올 수밖에 없다. **한 가지에 대한 집중과 관심은 다른 것들에 대한 소홀과 방관으로 이어지는 필연을 낳는다.** 마치 경제학에 '기회비용'의 개념처럼 우리가 어떤 한 가지 일에 몰두하고 있을 때 다른 모든 일을 할 수 있는 기회는 박탈되고 그 비용은 계속 증가한다. 그래서 우리는 에너지를 선택하고 다루는 데 신중을 기하지 않을 수 없다. 어차피 에너지 총량은 정해져 있고 그 한정된 물량 안에서 에너지를 운용해야 하는 우리는 그 안에서 효율적인 에너지의 활용을 위해서 삶에 우선순위를 두지 않을 수 없다. 닥치는 대로 살기에는 우리가 갖고 있는 에너지가 너무 한정적이고 우리 인생도 유한하기 때문이다. 이러한 **에너지의 역학적 전환 개념**은 우리로 하여금 가치가 높은 것부터 **우선순위를 두게 하고, 계획적이고 조직적인**

에너지의 사용이 필수 불가결하다는 진리를 우리에게 가르쳐 준다.

그래서 내게 진정 필요한 것들을 지키고, 중요한 것들을 계속 유지하기 위해서는 자신이 갖고 있는 에너지를 보존하는 일도 중요하지만, 그에 못지않게 함부로 다른 에너지의 사용처를 만들지 않는 것이 더욱 중요한 일이라는 것을 깨우쳐야 한다. 그래서 우리는 에너지 관리법을 알아야 한다. 필자가 이 책을 쓰게 된 첫 번째 동기이다.

- 에너지 관리법

우리 인간의 삶은 예측이 불가능하다. 매일매일 비슷한 삶을 사는 것 같지만, 항상 조금씩 다르고 언제나 변수가 존재한다. 그리고 가끔은 아주 큰 변수들이 생기기도 한다. 하지만 아무리 큰 변수가 생기더라도 우리는 일상을 유지해야 한다. 직장인은 계속 직장에 출근해야 하고, 학생은 계속 학교를 다녀야 한다. 그리고 주부는 가정을 지켜야 한다.

그런데 그 변수라는 것이 차라리 집안에 누가 돌아가시거나 결혼을 하거나 하는 일시적인 경조사 같은 것이 아니라, 오랜 시간 동안 어떤 사람의 에너지를 쪽 빨아먹는, 예를 들면 어떤 사람을 너무 좋아하게 되어서 헤어 나오지 못한다든가, 아니면 어떤 고상한 취미에 빠져서 온통 그 생각밖에 없는 것이라면 그때는 문제가 매우 심각해진다. 이러한 일상이 계속 지속되면 자신의 가장 기본적이고 중요한 것들이 하나둘씩 무너지기 시작한다.

치과의사인 E 씨는 남들이 보기에 부러움을 살 만한 집안을 배경으로 하고 사업을 잘 꾸려 나가고 있는 40대 중년이다. E 씨는 훌륭한 가정에서 태어나 엘리트 코스를 밟아 온 누구나 부러워할 인생을 살고 있지만, 그에게는 말 못 할 사정이 있었다. 대학 다닐 때부터 부모님과 형제자매가 모일 때마다 다른 형제들처럼 일반 의사가 아니라는 이유로 차별을 받아 왔으며 집안 모임에서도 일반 의사인 부모와 형제들에게 많은 따돌림을 받았다. E 씨는 이러한 열등감을 벗어나는 길은 오직 자신이 돈을 더 많이 버는 것이라고 판단하고 온라인 도박에 손을 대게 된다. 처음에는 돈이 좀 모이는 듯하다가 재산을 다 날리게 돼서 치과 건물을 보증으로 대출까지 받게 되고 급기야는 병원 종업원들 월급도 줄 수 없는 지경에 이르게 된다. 그리고 그 빚을 다 감당하지 못해서 교도소 신세를 져야만 했다.

이런 일들은 정도의 차이만 있을 따름이지 우리 주위에 너무나 흔히 나타나는 일들이다. E 씨처럼 경제적인 손실이 많지는 않아도 게임 중독이나 유튜브 중독과 같은 것들도 도박에 못지않은 중독성과 강한 파괴력을 갖고 우리 삶을 위협하고 있다. 그러면 어떻게 하면 이렇게 에너지가 한쪽에 쏠린 상태에서 벗어나 에너지를 효율적으로 사용하고 우리 삶을 건전하고 건강한 상태로 유지할 수 있을까? 그 방법을 알아보자.

첫 번째 방법은 가장 중요한 방법이기도 한데, 자신의 **감정을 균형**

상태로 회복하는 것이다. 무언가에 빠져 있는 사람들은 정서적으로 엄청난 불균형 상태에 있기 때문에 바로 균형 상태로 회복하는 것은 불가능하다. 그래서 조금씩 천천히, 아주 천천히 회복해 나가는 것이 중요하다. 그 첫 단계로 자신의 위치를 다시 한번 정립해 보는 것이다. E 씨의 경우에는 집안에서 한 여자의 남편이고, 두 아이의 아빠이며 직장에서는 네 명의 식솔들을 거느린 대표 원장이다. 중증 환자들은 그 위치와 책임감 때문에 더 깊이 빠지는 경우도 적지 않지만, **자신의 위치를 찾고 확인하는 것**이 일그러진 감정을 다시 추스르는 단초가 된다.

이때 **가족들의 역할**이 중요하다. 앞에서 주식에 빠진 아버지에게 딸이 장문의 편지로 큰 도움을 줄 수 있는 사례를 살펴봤는데, 반대로 가족이 어딘가에 깊이 빠진 사람을 더욱더 깊은 나락으로 떨어뜨리는 사례도 빈번하다. 가족은 어떤 행동에 깊이 빠져 있는 사람에게 회복할 수 있는 결정적인 에너지를 주기도 하지만, 나쁜 행동을 더욱 고착시키는 원인을 제공하기도 한다. 그래서 바람직하지 못한 행동에 몰두하고 있는 사람들을 도울 수 있는 열쇠는 항상 가족이 쥐고 있는 경우가 많다. 정상적인 가정이라면 가족의 진심과 사랑이 생활과 감정의 균형을 잃은 다른 가족을 회복시킬 수 있는 가장 큰 힘이 된다.

두 번째 방법은 앞 장에서 언급했듯이 **소소한 쾌락을 찾고 만들어 나가는 것**이다. 이것은 울퉁불퉁한 감정의 상태를 매끈하게 만들어 주는 데 가장 좋은 효과가 있어서 첫 번째 방법인 감정의 균형 회복에도 물론 도움이 된다. 어떤 것에 꽂혀 있는 사람들은 그것에 물리적인 시간 또한 많이 투자한다. 그 시간을 조금씩 분산시키는 것이 가장 중요하다. 만약에 게임에 너무 많은 시간을 쓰고 있다면 그 시간을 줄이려는 생각보다, 다른 소소한 관심사들을 많이 만들어서 저절로 게임하는 시간이 줄어들도록 하는 것이 좋다. 이와 같이 소락거리를 찾고 만들어 나가는 것은 쾌락을 즐길 수 있는 방편이 되는 동시에 우리 삶에 에너지 균형 상태를 유지하는 가장 좋은 방법 중에 하나이다.

세 번째 방법은 빠져 있는 행동들 외에 가장 **일상적인 일들에 다시 규칙성을 부여하는 것**이다. 무언가에 빠져 있는 사람들은 일상의 루틴한 일들도 매우 불규칙적일 수밖에 없다. 잠이 들고 일어나는 일이라든가 식사하는 시간들이 매우 불규칙적이다. 이러한 반복되는 일들을 규칙적으로 회복시켜 주면 자기 조절 능력이 향상되게 되고 생활 전반을 제어할 수 있는 힘이 다시 생겨나게 된다. 그리고 이어서 정신적·육체적인 균형감이 살아나게 된다. 특히 규칙적인 운동은 이것을 위한 가장 강력하게 신뢰할 수 있는 도구라고 볼 수 있다. 규칙적인 운동이 우리 일상에 골격을 잡아 주고 조화로운 생활로 이끌어 준다.

네 번째 방법은 자신이 빠져 있는 것들이 줄 수 있는 **자극들을 주변에서 제거해서 갈등을 유발시키는 상황을 최소화**하는 것이다. 예를 들어 주식에 빠져 있는 사람들은 경제 뉴스를 안 보려고 노력하고, 핸드폰 게임에 빠져 있는 사람들은 시간을 정해 놓고 그 시간이 되면 전원을 꺼 버리는 것이다. 물론 금단현상도 있고 일정 시간 무기력한 시간을 보낼 수밖에 없지만 인간은 중독에 적응했듯이 새로운 생활에 적응할 수 있다.

심리학자 빌헬름 호프만 등이 수행한 연구에서 피험자들에게 문자를 통해 "지금 어떤 욕구를 느끼고 있나?", "그 욕구가 얼마나 강렬한가?", "그 욕구를 잘 통제하고 저항해 보고 있는가?" 등등의 질문을 보내고 10,500여 개의 응답을 받아서 그것을 분석해 보았다. 개인의 내적 갈등과 자기 통제의 성향을 알아내기 위한 이 연구는 아주 의외의 결과를 보여 주었다. 이 조사의 결론은 **자기 통제력이 강한 사람은 유혹에 잘 저항하는 사람이 아니라 욕구를 잘 피하는 사람이라는 것이다.** 내적 갈등을 별로 만들지 않아서 고민하고 저항할 게 별로 없는 사람이 자기 통제력이 뛰어난 사람이라는 것이다. 이런 사람들은 자기 통제에 들어가는 에너지를 아껴서 긍정적이고 건설적인 삶을 도모해 간다. 이러한 이유로 여러 가지 욕구와 해가 되는 에너지 때문에 걱정인 사람들은 일상의 루틴과 환경을 **갈등을 최소화할 수 있도록 단순한 구성으로 재조성**하는 것이 가장 급선무라고 할 수 있다.

정말로 심각한 도박이나 마약에 중독되어 있는 사람들은 전문 기관의 도움을 받아야 하지만 그러한 중증이 아니라면 위의 네 가지 방법으로 충분히 원래의 건전하고 행복한 생활로 회복할 수 있다. 중요한 건 본인의 노력이 가장 중요하고, 한 번에 완벽한 상태로 호전되기를 바라지 말고 한 가지씩 생활에 적용해 나가면서 개선해 나가는 자세가 가장 중요하다고 할 수 있다.

- 의지력 한계의 법칙

우리가 하루에 쓸 수 있는 에너지의 총량이 정해져 있듯이 정신 에너지의 한 축을 이루는 '의지력'이나 '절제력'도 그 한계가 결정되어 있다. 예를 들어 어떤 사람이 하루에 쓸 수 있는 의지력의 총합이 100인데 회사에서 80 정도를 사용했다면 그는 집에 들어와 가족들을 대할 때 나머지 20의 절제력밖에 발휘할 수 없어서 상당히 취약한 상태이다. 만약에 극단적으로 회사에서 100을 쓰고 왔다면 그는 가족에게 절제력을 상실해서 화를 폭발시킨다. 우리 인간이 무언가를 참아 내는 데는 엄청난 에너지가 소모된다. 오랜 시간 병마와 싸우는 사람들은 신경질이 많아지고 화를 잘 낸다. 병이 주는 고통을 참아 내는 데 의지력의 에너지를 다 썼기 때문이다. 그래서 우리는 생활의 에너지를 슬기롭게 배분할 필요성을 다시 한번 실감할 수 있다.

그런데 우리들이 참아 내는 의지력 에너지를 분배하고 운용하는 데에는 일정한 패턴이 있다. 우리는 '참는 에너지'를 나에게 큰 피해를 줄 확률이 많은 사람, 그리고 내가 맞대응을 하면 곧 떠나 버릴 사람들에게 집중한다. 우리가 직장 생활을 하면서 모든 에너지를 참는 데 다 쓰는 이유가 그것이다. 직장에서 참지 않으면 자신에게 엄청난 피해를 수반하게 되고, 이해관계로 만난 사람들끼리 서로를 등지고 떠나게 된다. 반대로 우리에게 직접적인 피해를 줄 가능성이 적고, 어떤 상황에서도 자신을 떠날 확률이 적은 사람들에게는 절제와 인내의 에너지를 거의 사용하지 않는다. 그 가장 대표적인 대상은 가족이다. 그래서 가족들에게는 참는 에너지를 쓰지 않고 자신의 감정과 화를 무한히 폭발시키는 것이다. 하지만 가족이 가장 편한 상대이기는 하지만 극한 상황에서는 가장 믿었던 가까운 사람에게 제일 심각한 피해를 끼칠 수 있고, 가족 구성원들도 얼마든지 남들처럼 떠나 버리거나 관계를 정리할 수도 있다. 그냥 인간은 휴리스틱의 기술을 활용하여 습관적으로 편한 사람들에게 신경을 덜 쓰는 경향이 강할 뿐이다.

그러나 우리가 정말로 의지력의 에너지를 효과적으로 배분해야 한다면 그 에너지를 가장 많이 써야 할 대상은 바로 가족이다. 우리는 가장 은혜를 많이 받은 대상에게 감사와 절제와 인내를 표현해야 하기 때문이다. 직장에서 상사에게 대들다가 실직을 해도 괜찮다는 의미는 물론 아니다. **아무리 바깥 생활이 힘들어도 가족에게 쓸 에너지를 남겨 두어야 한다**는 말이다. 정말 직장이 너무 힘들어서 그곳에서 에너지를 전부 다 쓸 수밖에 없는 상황이라고 해도, 훈련과 연습을 통해서 직장에서의 의지력 에너지의 소모를 줄이고 가정에서 그 에너지를 늘려 갈 수 있다. 우리는 그런 것을 지혜와 인격이라고 부른다.

소유 에너지

　자본주의 사회에서는 매일매일 마주치는 모든 것들이 우리 눈을 즐겁게 해 준다. 우리가 상상 속에만 갖고 있었던 개념들이 현실적으로 구체화된 모습으로 나타나고, 우리들의 필요나 요구보다 과학의 힘으로 태어난 상품들은 항상 한발 앞서 나간다. 우리가 있었으면 하는 모든 물품들이 벌써 만들어져서 기다리고 있고, 매체를 통해 쏟아지는 광고는 새로운 수요를 창출해 낸다.

　이렇게 자극이 많은 시대를 사는 현대인들이 법정스님이 얘기한 '무소유'의 삶을 실천할 수 있을지는 심히 부정적일 수밖에 없다. 우리가 소확행의 삶에 단련된다고 해도 어떤 대상에 대한 소유와 집착을 완전히 털어 버리는 것은 현실적으로 불가능하다.

- 견물생심

사자성어에 '見物生心'이라는 단어가 있다. 실물을 보면 그것을 갖고 싶은 욕심이 더 생긴다는 뜻이다. 그러면 정말로 자극이 없을 때보다 자극이 제공될 때 우리의 소유욕은 더 강해지는 것일까?

동물을 이용한 실험을 살펴보자. 원숭이가 긍정적인 행동을 할 때마다 실험자는 오이를 보상으로 준다. 이 행동은 조작적으로 학습되었고 원숭이는 원할 때면 언제든지 시원한 오이를 먹을 수 있다. 그런데 옆에 있는 원숭이에게 실험자가 오이가 아닌 포도를 주자 오이를 맛있게 먹던 원숭이의 행동은 돌변한다. 실험자가 자신에게 다시 오이를 주자 그것을 집어 던지고 날뛰면서 화를 낸다. 달콤한 포도가 목표물로 뇌 속에 각인되었기 때문에 더 이상 오이는 관심거리가 되지 않는 것이다.

동물실험을 통해 확인한 것처럼 우리 사람도 자신이 좋아하는 대상을 발견하면 소유 에너지가 모아지고 강해진다. 우리 안에 항상 욕구라는 놈들은 여러 가지 형태로 돌아다니고 있는 상태이고, 목표물을 발견하면 탐욕 신경이 즉각적으로 활성화되는 것이다. 다시 말해서 산소가 있어야 물체가 타듯이, 우리 안에 내재된 **욕구와 욕망도 목표물이 생겨야 비로소 불이 붙어서 움직이기 시작한다.** 이러한 목표 지향적 행동은 우리 인간에게 뚜렷하게 나타나는 행동 특성 중에 하나이다. 그래서 견물생심이라는 단어는 우리 조상들의 지혜가 숨어 있는 말이다.

이러한 심리를 활용한 것이 상품 광고이고, 자본주의 한복판에 사는 우리들은 누가 시키지 않아도 샘솟는 소유욕에 시기적절한 자극까지 매일 받고 살아서 소유욕이 활활 타오르고 있으며, 거기에다가 시대에 뒤떨어지지 않고 왕따가 되지 않기 위해서라도 이것저것 사서 구색을 갖추며 살아가고 있다. 내가 갖고 싶은 물건을 소유하고 있지 않은 상태 자체도 불안하고, 유행에 따라가지 못하는 것도 불안하기 때문에 이 '불안'에 대한 공포를 없애기 위해 우리는 열심히 일을 해서 돈을 벌어야 한다. 인간이 죽음보다 무서워하는 것이 '불안'이기 때문에 이 불안을 없애고 싶은 마음과 마음에 드는 것을 소유하고 싶은 욕망이 한데 어우러져 소유 에너지를 극대화시킨다. 그래서 이 '소유'와 관련된 에너지는 생각보다 크게 우리 생활을 지배하고 있다.

　그러나 모든 사람들이 목표 대상을 발견했다고 해서 욕망을 실현화하는 것은 아니다. 몇 가지 절차를 거쳐야 하기 때문이다. 우리의 욕구가 목표를 감지하고 촉발되면 우리 뇌는 **'결정'하는 과정**을 거치는데 대다수의 욕망은 이 과정에서 필터링이 된다. 우리 머릿속에 도덕률로 정해 놓은 기준을 넘거나 악한 행동의 범주에 속한다고 판단되는 욕구나 욕망들은 '행동'으로 결정되기 전에 '자기 절제'의 현명한 방법으로 제어된다. 정도의 차이는 항상 있지만, 누구나 자신이 갖고 싶은 모든 것을 소유하지는 않는다. 나름대로의 자기 기준과 상황을 고려해서 행동을 결정하는 절제력을 우리는 가지고 있다. 그래서 이러한 인간의 절제력은 욕망을 자기 마음대로 실현하는 범죄자들의 행동을 합리화할 수 없는 근거가 되기도 한다.

그런데 우리가 절제하지 못하는 사람들에게 부정적인 시선을 갖고 있는 것이 사실이기는 하지만, 소유 욕망을 성취하는 과정을 잘 이해하고, 그것을 잘 이용하면 의외로 우리가 성장하고 발전하는 데 중요한 동기나 원동력이 될 수 있는 순기능적인 측면도 있다. 예를 들어 입시를 앞둔 수험생이 자신이 가고 싶은 대학의 사진을 공부하는 책상머리에 두고, 그것을 보면서 욕구를 자극하고 그 소유 욕구를 공부하는 에너지로 전환시킬 수 있다면 훌륭한 성과를 거둘 수 있을 것이다. 이러한 목표 지향적인 행동에도 소유욕이 도움이 되지만, 작고 소소한 어떤 것에 대한 갖고 싶은 욕망 역시 앞에서 우리가 소락의 즐거움에 대해 배웠듯이 우리 생활에 활력을 주고 에너지를 만드는 데 큰 도움을 준다. 소유 에너지 역시 독도 되고 약도 된다.

- 사람에 대한 소유욕

소유하고 싶은 대상이 물건이나 돈이 아니라 사람인 경우도 있다. 이러한 경우는 물건에 대한 집착보다 문제가 더 심각해진다. 사람과 물건의 관계는 일방적이지만, 사람과 사람의 관계는 쌍방적이고 여러 가지 아주 복잡한 정신적, 물질적 요소들이 관여하기 때문이다.

회사원인 F 씨는 한동네에서 태어나 중학교, 고등학교를 함께 다닌 G 씨와 절친이다. 거의 매일 전화 통화나 문자를 주고받고, 주말이면 어김없이 만나서 영화도 보고 쇼핑도 같이 한다. 고등학교를 졸업하고 둘 다 서울에 올라와 직장 생활을 하면서 서로 의지하고 살아가는 친자매보다도 절친한 사이였다.

그런데 얼마 전 F 씨에게 남친이 생겼다. 처음에는 이 사실에 대해 G 씨도 너무 반가워하고 좋아했지만, 셋이 만나는 경우가 줄어들고 F 씨가 남친과 둘만 만나는 횟수가 빈번해지자 G 씨의 태도가 점점 바뀌기 시작했다. G 씨는 매일 밤마다 F 씨의 남친에 대해 험담의 내용을 담은 문자를 보내기 시작했다. 남자 친구의 집안이 너무 허술하다는 내용으로 시작된 험담이 그의 외모, 성격, 태도까지 나중에는 수십 가지 아주 구체적인 결격사유를 들어 집요하게 자신의 친구에게 남자 친구의 단점을 강요하고 있었다. F 씨는 처음에는 자신에 대한 친구의 관심이라고만 생각하다가 시간이 지나고 나서야 뭔가 잘못됐다는 사실을 알고 친구를 멀리하려고 애썼으나, 그러면 그럴수록 친구의 집착은 커져만 갔다.

우리가 물건에 집착하듯이 사람에게도 집착할 수 있다. 그 동기의 시작은 보통 사랑과 관심이다. 우리는 사랑하는 대상에게 심적으로 많은 것을 강요하고 기대한다. 사랑이 깊을수록 보통 그 강도는 올라간다. 자식이 부모에게 보이는 것보다 부모가 자식에게 집착을 더 보이는 이유도 같다. 부모가 자식을 더 사랑하기 때문이다.

우리는 자신이 좋아하는 대상에 대해 동일시하는 경향이 강하다. 내가 사랑하는 자식이 나와 기호가 같고 행동과 외모가 닮기를 원하고, 친한 친구가 자신과 같은 취미나 가치관을 공유하기를 원한다. 그런데 어떤 이유로 유사성이 깨지거나 깨질 거라고 예상되면 평형 상태가 무너지는 것이기 때문에 사람은 극도의 불안을 느낀다. 그래서 어떻게든 평형 상태를 유지하기 위해 사랑하는 대상에게 집착을 하게 된다. 그래서 내가 상대방에 대한 집착을 보이는 행동을 하고 있는지 알아보려면 먼저 관심과 간섭의 차이가 무엇인지를 정확하게 아는 것이 중요하다. 나는 관심과 배려로 하는 행동이라고 생각하는데 그것이 간섭으로 보일 수도 있고, 내가 다른 사람에게 너무 주제넘게 간섭하는 것은 아닌가 하는 행동과 태도가 상대방에게 따뜻한 관심으로 비춰질 수도 있다.

어떤 사람의 행동이나 말, 그리고 태도가 관심인지 간섭인지 판단하는 것은 아주 간단하다. **관심이나 간섭을 받는 사람 입장에서 생각**하면 된다. 당하는 사람이 관심이라고 느끼면 관심과 배려이고, 간섭이라고 느끼면 간섭과 집착이다. 그런데 우리들의 인간관계에서는 관심과 간섭이 혼동되고 오해되는 경우가 상당히 많다. 왜냐하면 사람들은 모든 행동과 동기를 자신의 입장에서 평가하기 때문이다. 그래서 집착이 강한 사람들에게 왜 그런 행동을 했냐고 물으면 대답은 항상 같다. 사랑해서 그랬다는 것이 항상 그 대답이다. 이런 사람들은 내 사랑과 관심이 상대방에게 어떻게 전달되고 받아들여지는지는 중요하지 않고, 내가 사랑이라는 아름다운 동기로 훌륭한 행동을 했다고만 생각한다. 누구에게 선물을 할 때도 이런 부류의 사람들은 자기가 마음에 드는 선물을 고른다. 그리고 그걸 상대방이 별로 좋아하지 않으면 도대체 이해를 하지 못한다.

우리가 **누군가를 사랑하거나 관심을 표현할 때, 항상 그 주체는 상대방이 되어야 한다.** 상대방 입장에서 생각하고, 고민하는 것을 우리는 관심과 사랑이라고 한다. 남을 사랑한다고 하면서 자기 입장에서 하는 모든 행동 양식은 그저 자기 욕망을 채우는 것 외에는 아무것도 아니다. **사랑은 남을 즐겁게 해 주는 것이고 남을 행복하게 해 주는 것이다.**

그러면 자신에게 집착하는 사람으로부터 벗어날 수 있는 방법은 없을까? 일단 집착하는 주체가 친구일 경우에는 조금은 간단하다. 우선 친구와 거리를 두는 것이다. 전화나 문자의 빈도수를 줄이고 공유하는 다른 것들이 있다면 그것들을 조금씩 줄여 나가면서 그 친구와 내가 동일시하는 선상에서 벗어나 얼마나 다른 인격체인지를 친구에게 인지시켜 주는 것이다. 각자 고유의 삶이 있고 그것을 존중하는 것의 소중함을 거리두기를 통해 조금씩 각인시켜 주는 것이다. 이를 위해서 필요하면 그 친구와 나를 동시에 아는 다른 친구의 도움을 받을 수도 있다. 서로 힘든 과정을 거쳐야 하겠지만 눈에서 멀어지면 보통 마음에서 멀어진다.

집착하는 주체가 가족인 경우에는 그 방법이 훨씬 복잡하고 어렵다. 무작정 거리두기를 할 수도 없고 피가 섞인 관계이기 때문에 간단한 문제가 아니다. 우선 중증이 아니라면 집착하는 주체의 소유 에너지를 분산시킬 필요가 있다. 부모님이 집착을 보인다면 취미거리나 관심거리를 제공해서 그 에너지를 분산시켜야 한다. 이 정도 방법으로 개선이 잘 안 되면 병적인 수준인데 만약 친구가 이런 병적인 집착을 보인다면 경찰에 신고하는 방법도 있지만 가족인 경우에는 이것이 당연히 어렵다. 이럴 때는 가족들이 모두 모여 그것에 대해 토의를 해야 한다. 이때는 온가족이 다 모이는 것이 좋고, 당사자도 반드시 참석해야 한다. 여기서 가장 중요한 것은 가족 모임에서 나오는 **대화들이 팩트 위주로 전개되어야 하고, 감정의 표현이면 절대로 안 된다.** 이렇게 가족 모두가 한결같은 목소리로 사실 위주의 진술을 하게 되면 보통 이런 와중에 당사자는 상황을 인지하고 자신의 운신의 폭을 좁혀 나가기 시작한다. 물론 이러한 용기 있는 가족들의 행동이 역효과를 만들 수도 있다. 그래서 성공 확률을 높이기 위해서는 배우자의 역할이 절대적으로 중요하다. 부모가 홀로 있는 분이 아니고 배우자가 있다면 그 또는 그녀가 조정자로서의 역할을 가장 잘 소화할 수 있는 힘을 갖고 있는 사람이고, 그 임무를 소화해야 할 책임감도 가장 무겁게 지고 있는 사람이다. 그런데 보통 이런 경우에 그 배우자는 유순하고 순종적인 경우가 많다. 이럴 때 가족들이 그 배우자를 먼저 설득하고 변화시키려고 애써야 한다. **사람의 행동과 태도를 변화시키려면 그 주위에 있는 사람의 행동 패턴이 바뀌어야 한다.** 그것이 가장 빠르고 정확한 길이다.

  사람이 사람에게 집착한다는 것은 사랑이 교환된다는 의미이다. 그런데 내가 어떤 사람을 소유하고 싶은 욕구가 사랑해서가 아니라 상대가 필요해서라면 이런 인간관계는 애초부터 잘못된 것이다. 내 결핍을 채우기 위해서 다른 사람에게 강한 정서를 표현한다는 것은 항상 위험하고 불안한 상황임이 틀림없다. 내가 누구를 진정으로 사랑하는 것인지 아니면 필요한 어떤 이유 때문에 그런 대상의 존재가 절실한 것인지 우리들 주위의 인간관계를 주의 깊게 살펴볼 필요가 있다. 그리고 누군가가 나의 집착 때문에 괴로워하고 있지는 않은지.

- 소유냐 인간이냐

우리 인생을 한마디로 규정하기는 참 힘들다. 어떻게 살아야 옳고 어떤 삶을 살면 잘못된 건지 선을 긋는 것 또한 정말 어렵다. 항상 어떤 일이 일어날 때마다 매라과 상황이 다르고, 사람마다 각기 다른 가치관과 정서를 끊임없이 생성하고 그것을 다른 사람과 교류하거나 타인에게 강요하기 때문이다. 그래서 어떤 인생이든 어떤 상황이든 아주 복잡한 변수들로 가득 차 있고, 정답은 존재하지 않는 것처럼 보인다.

이렇게 복잡한 인생을 살아가면서 우리의 소망은 항상 생각과 판단을 단순화하는 것이다. 단순해져야 뭔가 바로바로 손에 얻어지는 것이 보이기 때문이다. 그래서 사람들은 흑백 논리에 빠지게 되고, 무엇이든지 양분화하는 습관에 젖어 있다. 그런데 이러한 참 아니면 거짓, 나 아니면 너, 사랑 아니면 증오와 같은 디지털식 사고방식이 빠른 판단과 생존에는 도움이 될 수 있을지 모르지만, 때로는 아주 심각한 오류를 만들어 내기도 한다. 예를 들면 사랑의 반대말은 증오가

맞지만, 다른 의미로 보면 사랑의 반대말은 '무관심'일 수도 있고 '공포'일 수도 있다. 그래서 어떤 사람이 상대방을 증오는 하지 않지만, 무관심하다면 사랑을 실천하지 못하고 있는 것이다.

'소유'의 반대 개념은 무엇일까? 맞다, '무소유'이다. 자기가 움켜잡고 있는 물질과 생각을 내려놓는 것이다. 그래서 어떤 사람이 만약 무소유를 실천하기 위해서 하나씩 내버린다고 생각해 보자. 옷장 속에 있는 모든 옷을 중고 시장에 내놓고, 집도 부동산에 내놓고, 차도 팔고, 가족과도 이별을 해야 한다. 그러면 결국 이런 사람들이 선택할 수 있는 삶은 수도승의 길밖에는 없다. 자기 수양이나 도를 닦기 위해 이런 생활을 하는 사람들을 제외하고는 이런 생활이 어울리지도 않고 모두 다 이런 생활을 해도 안 된다.

소유욕이 주는 나쁜 병폐를 막기 위해서 단순한 이분법적인 생각으로 무소유의 삶을 지향할 필요는 없다. 물론 자기 절제를 통해 깔끔한 소비를 하고, 동시에 환경 부담을 주지 않는 것은 현대인의 아주 큰 덕목이다. 그러나 소유하고 싶은 욕망을 다스리는 일이 단순히 소비를 줄이고 소유하고 있는 것을 없애는 일로 해결되지 않는다는 것을 명심해야 한다.

소유 지향적인 삶에 대한 에너지를 줄이고 이것을 상쇄할 수 있는 에너지를 찾는 데 있어서 가장 중요한 포인트는 **어떤 삶을 살아야 자연스럽게 소유에 대한 욕망과 집착이 줄어들고** 인생을 보다 가치 있게 살 수 있느냐 하는 문제이다. 이 문제를 풀기 위한 실마리는 소유에 대한 집착이 별로 없는 사람들의 공통적인 특성을 알아보는 데에 있다. 이런 사람들은 사회적으로 성공한 사람도 있고 그렇지 못한 사람도 있고, 자기애가 강한 사람도 있고 약한 사람도 있으며, 목표 의식이 뚜렷한 사람도 있고 그렇지 않은 사람도 있다. 그런데 이렇게 소유욕이 없는 사람들의 유일한 공통점이 있는데 바로 '이타적인' 성격이 강하다는 것이다. 이런 사람들은 자기의 일보다 남의 일을 더 신경 쓰며, 남이 잘되어도 별로 배 아파하지 않고 축하해 준다. 사람과 갈등이 생기면 져 주거나 손해 보는 것을 일상으로 여기며, 남에게 말을 하거나 행동을 할 때 항상 신중하다. 어떻게 보면 이타적인 사람이 소유욕이 없는 것은 너무나 당연해 보이지만, 일반적으로 사람들은 여기서 실마리를 찾으려 하고 있지 않다.

결국 **'소유욕'의 반대말은 '이타심'**이다. 다시 말하면 나쁜 소유 에너지를 줄이는 유일한 방법은 이기적인 생각을 줄여 나가는 것이다. 이기적인 생각을 버리면 무언가를 더 갖고 싶다는 생각도 줄어들고, 남을 이기려는 생각도, 다른 사람을 무시하는 태도도 없앨 수 있다. 그런데 이 '이기심'이라는 괴물은 우리 깊은 곳에 아주 오래전부터 내재되어 있는 강한 본능이라 통제하기가 무척 어렵다. 그래서 아직도 사회에 흉악한 범죄가 끊이지 않고, 자기 자식만 예뻐해 달라고 선생님들을 곤경에 빠뜨리고 있는 학부모가 등장하는 것이다.

모든 것을 소유하고 싶은 **이기심을 제어하는 것**은 '가치 있는 소유' 그리고 '아름다운 소유'를 만들어 내고, 궁극적으로 '살 만한 사회'를 가꾸어 나가는 초석이 된다. 그런데 여기서 우리가 간과하고 있는 건 이기적이고 자아중심적인 마인드가 적절한 **훈련과 교육으로 제어될**

수 있다는 사실이다. 내가 많은 것을 소유하고 있는 것이 왜 이기적인 생각인지, 가정과 학교에서 배우고 가르치는 진심 어린 교육이 이루어진다면 충분히 이타적이고 바람직한 아이로 성장시킬 수 있다. 하지만 이런 교육이 선행되지 않고, 공부만 잘하면 모든 게 용서되는 우리의 가정과 학교의 분위기 속에서는 이기심만 잔뜩 키운 아이들이 가정의 골칫거리가 되고 사회의 가장 큰 해악이 된다.

지금 우리 사회에 만연하고 있는 '묻지 마 범죄'의 희생양이 되고, 무너져 버린 공교육의 피해자가 되고 나서야 정신 차리고 무엇이 문제냐고 묻지 말고, **이기심이라는 독이 우리를 어떻게 병들게 하고 사회를 어떻게 아프게 하는지 배우고 가르쳐야 한다.** 이것이 자본주의 사회에 괴물처럼 커져만 가는 소유 에너지를 제어하고, 우리 사회를 살맛 나는 환경으로 바꿀 수 있는 여정의 첫걸음이 될 것이다.

결핍 에너지

역설적으로 들릴지 모르지만 결핍은 에너지를 만든다. 내용물로 가득 차 있는 그릇보다 빈 그릇이 채울 것이 많다. 많은 것을 채울 수 있다는 것은 많은 일을 할 수 있다는 것이고 결국 많은 에너지를 만든다. 우리는 자기가 갖고 있는 재원으로 무엇을 하려고 애쓰지만, 내가 만약 다른 사람보다 가지고 태어난 것이 부족하고, 지금 갖고 있는 것이 부족하다면 그것은 더 많은 것을 담을 수 있는 에너지 탱크를 갖고 있다는 것을 함의한다.

- 결핍이 에너지가 될 수 있는 조건

 사람은 무언가 부족하면 채우고 싶은 욕구가 생긴다. 냉장고가 비어 있으면 음식으로 채우고 싶고, 통장 잔고가 부족하면 돈을 채워 넣고 싶다. 우리가 빈 공간을 채우려고 하는 것은 꽉 차 있는 것을 볼 때 느끼는 만족감도 있지만, 결핍에서 오는 '불안'으로부터 벗어나고 싶은 마음이 더 크다. 그래서 **부족한 조건에서 태어나거나 자란 사람이 소유하고, 모으고, 채우고 싶은 욕망이 더 크고 그것이 긍정적 에너지로 작용할 수 있다.**

 물론 부족한 환경에서 노력해서 모든 사람들이 긍정적 결과를 얻어 낼 수 있는 것도 아니다. 미국에서 실시한 최근의 연구도 사회적 지위가 낮은 사람이 높은 클래스로 진입하는 것이 사회적 통념보다 훨씬 가능성이 낮다는 결과도 나왔다. 하지만 좋은 조건에서 태어난 사람들이 모두 다 만족한 생활을 하는 것이 아니듯이, 결핍한 환경이나 조건에 있는 사람들도 부족한 것을 기회로 활용한다면 아주 우수하고 순도 높은 긍정 에너지를 만들어 낼 수 있다.

 그러면 결핍을 에너지로 전환시킬 수 있는 조건들을 살펴보자. 첫 번째 조건은 **무기력에 빠지지 않는 멘털**을 정립해야 한다는 것이다. 자신이 남들보다 가진 것이 부족하다고 느끼는 사람들이 모두 다 희망적인 에너지를 갖는 것은 아니다. 자신이 처한 현실만 보고 무기력의 늪에 빠져서 처지를 원망하며 살거나, 운둔형 외톨이 아니면 피해의식으로 가득 찬 졸렬한 패배자로 살아가는 사람들이 더 많다. 이들은 섣부른 피해 의식과 낮은 자존감으로 너무 쉽게 상처받고, 너무 쉽게 남들을 미워하고, 너무 쉽게 모든 일을 중도에 포기한다. 그래서 남보다 내가 가진 것이 너무 부족하다고 느끼는 사람들은 이렇게 무기력한 삶을 이어 갈 수밖에 없다.

그런데 여기서 먼저 짚고 넘어가야 할 것은 이러한 무기력과 우리가 알고 있는 번아웃 사이에는 뚜렷한 차이점이 있다는 것이다. 번아웃은 완전히 에너지가 고갈된 상태여서 어떻게 해 보려고 해도 아무것도 할 수 없는 상태라면, 무기력 상태는 에너지가 남아 있는데도 그것을 무시하고 딴짓을 하고 있는 것을 말한다. 에너지가 남아 있다는 것은 아직 불씨가 남아 있다는 것이고, 에너지가 아직 남아 있기 때문에 누워 있는 뇌세포를 다시 세우고 집중할 수 있는 에너지만 조금 모으면 우리 삶을 의미 있는 과정으로 회복할 수 있는 전기를 마련할 수 있다. **나는 누구인지, 내가 지금 주로 하고 있는 일은 무엇인지, 나를 사랑하는 사람 그리고 내가 사랑하는 사람들이 내가 어떻게 살기를 바라는지 생각해 보는 것이다.** 자신이 완전히 번아웃된 상태가 아니라면, 이러한 인지 재구조화 과정을 통해서 틀림없이 무기력에서 벗어나 결핍을 긍정 에너지로 만들어 내는 동인으로 이용할 수 있다.

두 번째 필요한 것은 **관찰력과 통찰력**이다. 자신에게 부족한 무언가가 있다고 생각하는 사람들은 습관적으로 그것을 갖춘 타인들을 관찰하는 버릇이 있다. 그래서 갖춘 사람들보다 부족한 사람들이 탁월한 관찰력을 갖고 있는 경우가 더 많다. 우리가 존경하는 위인들 대부분이 어릴 적 부족한 환경에서 자란 경우가 대부분이며 이들은 남들이 보지 않는 것을 보았고, 남들이 발휘하지 못하는 통찰력을 발휘한 사람들이다. 대기업이든 중소기업이든 사업에 성공한 사람들도 마찬가지이다. 이들은 날카로운 통찰력으로 상황을 해석하고 판단해서 자신의 결점을 채우고 보강해서 급기야는 그것을 절대적인 장점으로 키워 낸 사람들이다.

미국의 네바다주 광활한 사막은 아무것도 만들어 낼 수 없을 것 같은 삭막한 지역이었지만, 지금은 미국을 대표하는 관광지 라스베이거스를 탄생시켰다. 우리나라도 아무것도 끄집어낼 수 없을 것 같은 대천 앞 바다에 머드 축제 행사를 고안해서 훌륭한 관광지로 발돋움했다. 잘 갖추어진 시스템 위에 무엇을 만들어 나가는 것보다 아무것도 없는 하얀 도화지 위에 그림을 그려 갈 때 우리의 뇌는 더 큰 역량을 발휘한다. 그것이 바로 결핍한 사람이 갖고 있는 최고의 재원이고 무기이다.

우리는 흔히 무언가를 기본적으로 갖추고 있어야 그럴싸한 것을 만들어 낼 수 있다고 믿고 있다. 맞는 말이다. 하지만 아무런 기초 베이스가 없이 시작한 사람이 만들어 낸 결과물이 훨씬 더 창의적이고 완벽에 가까운 경우가 더 많다. 그들은 남들이 만들어 놓은 것을 활용하는 연역적인 사고가 아니라 내가 하나하나 해 보면서 갖추어 나가는 귀납적인 사고를 하기 때문이다. 그래서 결핍한 사람이 에너지를 만들어 낼 수 있는 마지막 조건은 **귀납적인 사고를 해야 한다**는 것이다. 대형 서점에 가면 여러 분야에서 자신의 성공담을 엮은 책들이 즐비하다. 그래서 사람들은 성공한 그들을 벤치마킹하려고 책을 사다가 읽는다. 그러나 거기에 써 있는 내용들은 그 책을 쓴 사람들이 성공한 방식이다. 시간도 없고 마음이 급한 현대인들이 그들의 성공 노하우를 빠르게 자신의 것으로 적용하고 싶은 마음은 이해하지만 그렇지 않다. 개인의 역량과 색깔이 다르고 무엇보다도 처한 환경이 정확하게 다르다. 그래서 만약 조금이라도 인생을 멋지고 아름답게 꾸미고 싶은 사람이 있다면 그렇게 남들이 찾아낸 방법을 그대로 갖다 쓰려는 연역적인 사고를 하지 말고 귀납적인 사고방식으로 모든 일을 주관해야 한다. 내가 직접 만져 보고, 냄새 맡고, 느끼고, 생각하고, 실행해 보고, 다시 생각하고. 끊기지 않는 이런 과정을 계속 되풀이하다 보면 반드시 멋진 작품을 만들어 낼 수 있다. 그게 작은 것이든 훌륭한 걸작이든 상관없이. 이런 생활이 이어지다 보면 자연스럽게 우리의 생활은 더 윤택해지고 누가 봐도 멋있어 보인다. 남들이 만들어 놓은 것들을 무시하라는 얘기가 아니다. 시간은 조금 걸리지만 자신만의 것을 이루어 나가는 성취감과 자부심을 느끼면서 살 수 있는 삶을 생각하자는 것이다.

- 역경 지수

역경 지수라는 것이 있다. 영어로 하면 AQ이다. 지금은 미국의 커뮤니케이션 학자의 것으로 인지하는 사람이 많지만, 20여 년 전에 필자가 먼저 만든 개념어이다. 필자가 만든 이 용어는 그 이론가가 사용하는 개념과 본질상 다르고 쓰임새도 사뭇 다르다.

필자가 만든 역경 지수라는 개념은 '**어떤 개인이 지금까지 자신이 경험했던 어려운 일들, 예를 들면 시련, 고난, 좌절, 트라우마 등의 총량**'을 말한다. 이 지수가 높으면 개인적으로 성숙한 인격에 다다르기 쉬우며, 사회적으로 성공할 확률이 상당히 높다는 것을 독자 여러분들도 경험적으로 충분히 공감할 것이다. 어려운 환경을 이겨 내고 훌륭하게 자란 많은 사람들을 위인전에서 그리고 주위에서 보아 왔고, 온실에서 길러진 아이들이 버릇없고 책임감이 부족하며 사회에 나가 적응하지 못하는 것 역시 많이 봐 왔기 때문이다.

역경 지수는 아이큐 지수, 감성 지수, 사회성 지수와 함께 사람을 평가하는 중요한 지표가 될 수 있다. 우리가 사회생활을 하려면 앞에 세 가지 능력이 모두 필요하다. 어느 정도의 지적 능력이 있어야 하고, 기본적인 인간으로서의 감성을 갖추어야 하며, 다른 사람들과 어울릴 때 기반이 되는 기초적인 사회적 능력을 갖고 있어야 한다. 우리는 흔히 아이큐가 높은 사람을 많이 부러워하고 자식들도 영재가 되기를 바라는 사람이 많지만 어느 정도의 지능만 갖추고 있다면 오히려 아이큐가 높은 것은 생활에 많은 장애가 된다. 천재들을 팔로잉한 연구 조사 결과를 보면 그들은 운둔형 외톨이와 방불한 피폐한 삶을 살고 있으며, 정상적인 사회생활을 이루어 나가는 사람이 거의 없다.

그래서 우리는 감성 지수와 사회 지수를 높이도록 애써야 한다. 이것들은 타고나는 것도 있지만 훈련과 노력을 통해서 아주 많이 개선

될 수 있고, 이 능력들을 장착한 사람들이 원만하고 멋진 사회생활을 영위할 수 있다. 특히 자녀의 앞날이 걱정되는 부모가 있다면 자식의 감성 지수와 사회 지수를 높여 주려고 애써야 한다. 그런데 주변에는 감성 지수에 대해 오해하고 있는 사람들이 의외로 많다. 그들은 감성 지수가 높은 사람은 감정 표현을 잘하는 사람이라고 생각하고 아이들이 사람들과 함께 쓰는 식당이나 공공시설에서 뛰어다니고 소리쳐도 가만히 놔두는데, 그런 것을 감성 지수라고 하지 않는다. **감성 지수가 높다는 것은 다른 사람과 공감하는 능력이 좋다는 것을 의미하고, 자기 자신에 대한 절제력이 뛰어나다는 것**을 말한다. 이것이 감성 지수의 정의이고, 이 지수의 개념이 만들어진 이유이다. 그래서 아이들의 감성 지수를 높여 주려면 타인에게 공감하고 자기를 절제하는 훈련을 시켜야 한다. 우리는 다른 사람과 공감하지 못하고 자기 절제를 못하는 사람을 사이코패스라고 부른다.

사회 지수를 높이는 방법 또한 간단하다. 아이들이 처음으로 사회화 학습을 하는 가정에서 부모나 나머지 식구들이 질서 있고 위계 있는 사회인으로서의 생활 모습을 보여 주면 된다. 그러면 아이들은 그것을 눈으로 배우고 나중에 온전하게 사회에서 적용한다. 그래서 가족 간에 위아래도 없고, 질서라곤 찾아볼 수 없는 환경에서 자란 아이들이 나중에 사회에 적응하는 데 많은 어려움을 겪을 수밖에 없다. 불행한 이야기지만 이렇게 성장한 아이들이 극단적인 경우 소시오패스가 되는 경우도 있다.

역경 지수는 이러한 감성 지수나 사회 지수만큼이나 중요하다. 아니 **개인의 인격을 성숙시키고, 사회 적응력을 키우는 데 가장 중요한 요인이 역경 지수**인지도 모른다. 그런데 사람들은 역경보다는 편한 삶을 갈구하며, 자식들도 그렇게 키우고 있다. 자신과 자식의 앞날에 닥칠 모든 역경을 예상하고 그것에 대한 철저한 방어 시스템을 구축해서 인생의 모든 역경이 발생할 확률을 줄여 나간다. 하지만 탄탄대로를 걷고 있는 것 같은 이런 사람들의 인생의 귀결이 어떤지는 최근 많은 연구 결과가 수치로 잘 보여 주고 있다.

일부러 역경이 만들어질 수 있는 상황을 조성할 필요까지는 없지만, 인생을 살면서 다가오는 역경을 억지로 모면하려고 애쓰거나, 역경을 만들지 않으려고 노력할 필요는 없다. 역경이 닥칠 때마다 오히려 반갑고 고마워해야 할 일이다. 그래서 역경 지수의 개념에 포함되는 또 다른 내용이 **역경을 마주하는 자세**이다. 어떤 사람에게도 크고 작은 역경이 다가오기 마련이고 그것에 대한 반응은 제각각이다. 역경 지수가 높은 사람들은 시련이나 역경을 아주 고마운 자세로 받아들인다. 그리고 그것을 극복하는 것은 물론이고 역경을 발판으로 다시 새로운 삶을 설계하고 이끌어 나간다. 이렇게 **역경 지수가 높고 역경을 마주하는 자세가 긍정적인 사람들이 자신의 결핍을 바람직한 에너지로 만들어 낼 수 있는 사람들이다.**

우리 옛 속담에 "젊어서 고생은 사서도 한다."라는 말이 있다. 역경 지수와 딱 어울리는 조상들의 지혜이다. 우리가 구태여 위인전을 뒤져 보지 않더라도 인생의 전반기나 진행 중에 좌절과 역경을 겪지 않은 사람이 인생에 성공하는 경우는 드물다. 물론 부모를 잘 만나서 물려받은 것으로 성공을 이루는 사람들도 적지 않으나, 이들도 나중에 진정한 성공을 이루려면 역경 지수가 높아야 한다.

우리 생활 속에서 역경 지수를 높이는 방법은 의외로 간단한데, 무슨 결정을 내릴 때 **편한 쪽보다 가치 있는 어려운 쪽을 선택**하는 것이다. 시험 삼아 생활 속에서 이러한 결정을 내리게 되면 나중에 희한한 경험을 하게 된다. 처음에는 어려운 쪽을 선택했기 때문에 많은 난관과 좌절이 오지만 끝에는 항상 기가 막히게 좋은 결실로 귀결된다는 것을 알게 된다. 매사에 무조건 어려운 길을 선택해서 삶의 효율성을 떨어뜨리는 일은 무모한 짓이다. 하지만 여러 선택지 중에 어느 것을 선택해야 바람직한지 판단이 쉽게 서지 않는 상황을 만날 때, 어려운 길을 선택하면 보통은 나중에 후회하지 않는 결정을 하게 된다. 이것이 역경 에너지의 힘이다.

또한 자신이 만든 시련도 아니고, 내가 원하지도 않은 예기치 못한 역경이 닥쳤을 때는 그것을 이겨 내는 지혜와 힘 역시 필요하다는 것은 두말할 나위가 없다. 우리가 극단적인 트라우마를 경험하면 평생을 외상 후 스트레스 장애로 고생한다고만 알고 있지만, 과거에 트라우마를 겪은 사람들 중에 더 많은 사람들은 그것을 통해 좀 더 단단해진 삶을 살고 더 성공적인 생활을 영위한다는 연구 보고가 많이 있다. 이것을 **트라우마의 순기능**이라고 한다. 이렇게 외상 후 스트레스 장애가 아니라 **'성장'을 이루는 사람들은 현실을 보다 직시하게 되고, 자아 강도가 높은 사람이 된다.**

정신적 상처이든 육체적 상처이든 상관없이 우리는 그 상처를 이겨 낼 방어 시스템을 갖고 태어났다. 시련이 있을 때마다 허우적거리는 사람들은 그 시스템이 없는 것이 아니라 활용을 하지 못하기 때문이다. 물론 그 트라우마가 발생하기 전의 상태로 돌아갈 수만 있다면 좋겠지만, 그런 생각에만 골몰하면 그저 예전의 악몽을 되살리는 것 외에 아무런 도움이 되지 않는다. 시련에 대처하는 가장 좋은 방법은 그런 **트라우마나 역경이 나를 더 키우기 위해서, 또 더 나은 삶을 살게 하기 위해서 전개되었다고 자신에게 확신을 주는 것**이다. 그래서 정말 그런 시련이 나중에 좋은 결과를 낳았다면, 다음에 다른 역경을 대할 때는 좀 더 강력한 방어기제를 갖추고 그것을 대할 수 있다. 이것이 훈련이 되면 나중에는 시련이 닥칠 때마다 감사함의 마음으로 받아 낼 수 있다. 그런 경지에까지 가는 게 누구나 가능하지도 않고 쉬운 일도 아니지만, 어차피 예상치 못한 고난과 역경이 삶 속에서 우리를 기다리고 있다면 연습해 보는 것도 좋은 선택이다. 생각보다 많은 사람들이 트라우마나 패닉 상태를 경험하고도 건강하고 적극적인 삶을 영위할 수 있는 이유가 이것이다.

누구에게나 시련은 있고, 부족한 부분도 많다. 문제는 그것을 어떻게 받아들이고, 어떻게 운영하느냐의 문제이다. 자신의 정체성, 혹은 삶 속에 메꾸고 이겨 내야 할 것이 필요한 사람들은 그 결핍과 역경을 사람을 살리고 크게 만드는 에너지로 환원시키는 데 집중해 보자.

- 학습 에너지

우리에게는 부족한 머릿속을 채우고 싶어 하는 욕구 에너지가 있다. 무언가 알고 싶어 하고, 미지의 것에 호기심을 갖는 것은 우리의 결핍이 에너지로 작용하는 긍정적인 또 하나의 사례이다.

우리가 일상적으로 하는 공부는 자신의 기본적인 욕구를 억제하면서 해야 하기 때문에 고단하고 짜증 나는 작업이지만, 그런 학습 말고 무엇인가를 알고 싶은 충동에서 비롯된 학습 에너지는 우리를 저절로 공부하게 만든다. 이 에너지는 어릴 적 말을 배울 때 가장 충만해서 정점을 찍고 나이가 듦에 따라 점차 감소하지만, 성인이 되어서도 자신의 관심 분야에서는 이 에너지가 한껏 올라간다 예를 들어 채권 투자에 입문한 사람이 경제에 관한 공부를 열심히 한다든지, 정원 가꾸기에 빠진 사람이 열심히 책과 유튜브를 찾아 가며 공부하게 되는 경우이다.

인간은 본능적으로 가만히 있는 것을 견디지 못한다. 우리 뇌는 자꾸만 무언가를 찾으라고 독려하고, 그 명령에 따라 자기 계발을 위해 아니면 단순히 취미를 위해 우리는 의미 있는 것들을 찾아 헤맨다. 꼭 몸을 움직이지 않더라도 우리는 머릿속으로 이것저것 찾아보고, 찾은 것을 확인하기 위해 인터넷 검색을 쉬지 않고 한다. 이러한 본능이 우리 인류의 발전을 갖고 왔다고 볼 수 있다.

이러한 배움에 대한 긍정적 에너지는 뚜렷한 특징을 갖고 있는데, **첫째는 어떤 새로운 것을 아는 것이 더 새로운 것을 알게 촉발시키는**

더 강한 에너지를 만들어 낸다는 것이다. 무언가를 연구하는 사람들이 그렇게 집중할 수 있는 것은 이 에너지는 쓰면 쓸수록 더 강해지고 커지기 때문이다. 더불어 무언가를 조금씩 알아 나가면서 성취하는 쾌락 에너지까지 가세하면서 에너지는 점점 더 불어난다.

두 번째, 이 에너지는 **알아낸 어떤 결과가 매력적이지 못하면 급격하게 소멸된다는 특성**을 갖고 있다. 결과가 자신의 기대치에 미치지 못하거나 강한 자극을 되돌려주지 않는다면 한 번에 에너지는 고갈되고, 다시 에너지를 불러 모아 줄 다른 대상을 탐색하게 된다.

이러한 학습 에너지는 시험을 앞둔 수험생들이나 공부를 해야 하는 사람들에게 유용하게 적용될 수 있다. 학습 자체는 고역이고 힘든 일이지만, 알아 가는 에너지를 발동시키면 지루하지 않게 공부할 수 있다. 학습 자료들을 그냥 반복하면서 외우려고 하지 말고, 하나하나 그 개념을 이해하려고 하면 공부도 지루하지 않게 할 수 있을 뿐만 아니라 학습 성과도 상당히 좋게 기대할 수 있다.

우리 뇌는 어떤 자극이나 정보가 반복적이고 집중적으로 들어오면 우리가 아주 급박하고 위험한 상태라고 인지한다. 그리고 위험한 상태에 빠진 유기체를 돕기 위해서 우리 뇌는 메타 인지력을 동원하기 시작하고, 엄청난 뇌 에너지 — 뇌신경 시냅스의 활성화 — 가 만들어진다. 그러면 우리는 생각지도 못한 어머어마한 양의 학습량을 소화해 낼 수 있게 된다. 인생의 중요한 결정을 해야 하는 사람이나, 많은 학습량을 감당해야 할 수험생들이 활용하면 좋은 방법이다.

쉬지 않는 집중과 반복은 결국 상당한 학습 에너지를 만들어 낼 수 있으며, 이렇게 결핍을 채우려는 의지와 노력만 있다면 우리 뇌는 우리가 모르는 많은 에너지와 도파민을 만들어 내고, 어려운 일을 더 효율적으로 그리고 즐겁게 할 수 있도록 만들어 준다. 우리의 호기심과 노력 그리고 집중이 무언가를 배워 나가는 데 큰 에너지를 만들어 준다.

- 불편함의 미학

 우리의 모든 행동은 불편함을 없애는 방향으로 결정된다. 물론 앞에서 언급한 여러 가지 욕구나 본능이 모티브가 되어 행동을 하는 것도 맞지만, 이러한 것들도 엄격하게 말하자면 거의 모두 다 불편함을 피하기 위한 행동들이다. 예를 들어, 배가 고프면 식욕을 느껴 음식을 먹게 되는데, 이것은 공복감이라는 불편함을 없애기 위한 행동이며, 물건을 자꾸 사고 싶은 소유욕도 가지지 못한 허전함이라는 불편함을 없애기 위한 적극적인 판단이고 행동이다. 마약을 하는 사람들이나 담배를 못 끊는 사람들도 습관화된 중독 행위 그 자체도 원인이 되지만, 마약이나 담배를 중단했을 때의 불편한 상태(금단현상)를 벗어나기 위해서 다시 그것들을 하고, 불편함이 없어져 평형상태를 이루었을 때 말로 표현하지 못할 쾌감과 위안을 느낀다. 그래서 사람들이 쉽게 중독 상태에서 벗어나지 못하고, 이러한 메커니즘은 모든 중독 현상에서 나타난다.

우리 몸이 이렇게 평형상태를 유지하고 싶어 하는 것을 '항상성 유지'라고 하는데 우리 몸의 많은 기능에서 나타나는 현상이다. 예를 들어 우리가 밥을 먹으면 체내 당 농도가 증가하게 되고, 이자에서 바로 인슐린이라는 호르몬 단백질이 분비되어 혈당치를 낮추려고 한다. 반대로 공복 상태에서는 글루카곤이라는 호르몬이 분비되어 혈당을 높이려고 애쓴다. 이렇게 우리 몸은 평형이 깨진 불편한 상태를 싫어해서 원래 상태로 맞추려고 본능적으로 움직인다. 그래서 우리가 불편함에서 벗어나려고 노력하는 것은 생래적인 본능으로 보아야 한다. 이러한 생리적 기제 덕분에 우리는 우리 생활 속에 불편함을 견뎌 내는 데 몹시 취약하며, 삶의 모든 영역에서 불편함을 하나하나 찾아서 집 안에 바퀴벌레를 찾아 없애듯 박멸하려고 애쓴다.

그래서 자본주의 사회에서 '돈'의 위력이 맹위를 떨치는 이유도 이것으로 설명할 수 있다. 돈이 있으면 우리 생활의 거의 모든 불편함에서 자유로울 수 있기 때문이다. 반대로 돈이 없으면 우리는 너무 불편하다. 그래서 우리는 목숨을 걸고 돈을 벌려고 애쓰고 거의 모든 에너지를 그것을 확보하는 데 쓸 수밖에 없다.

우리 인류의 역사도 어쩌면 불편함을 제거하기 위한 몸부림의 역사라고 봐도 과언이 아니다. 특히 산업혁명 이후 거의 생리적인 불편함이 해결된 것처럼 보임에도 불구하고, 더욱더 인류는 불편함을 없애기 위한 발명품과 제도들을 쏟아 내고 있다. 예를 들어 냉장고가 처음 나왔을 때, 많은 불편함을 없애 주었고 사람들은 너무나 만족스러웠다. 그러나 사람들은 계속 불편하다고 징징댔고, 그 결과 지금은 냉장고 하나가 옛날 화장실만 하고, 가정에 냉장고가 한 대만 있는 집은 거의 없다.

이렇게 '불편함을 없애고 싶은' 생각은 우리의 역사와 생활을 가장 무섭게 지배하고 있다. 그런데 문제는 앞서 언급한 것처럼 생리학적으로 항상성 기제가 우리 몸속에 내재되어 있어서 이러한 행동 기제에서 벗어날 수가 없다는 것이다. 우리의 모든 행동의 지향점이 이렇게 선천적으로 크고 작은 불편함을 없애는 방식으로 코드화되어 있기 때문에 원칙적으로 이러한 생활의 굴레에서 벗어나는 것은 많이 힘들어 보인다.

하지만 우리는 지금 발전 지향적, 물질만능적 사고와 행동 때문에 아주 혹독한 현실을 맞이하고 있다. 지구온난화 현상으로 지구촌 구석구석이 고통받고 있고, 물질 위주의 가치관은 인간을 부품화시켜 버리고 있으며, 사람이 사람답게 살 터전도 상실해 가고, 사람다움을 증명해 줄 인간관계도 더할 나위 없이 피폐해지고 있다. 우리가 불편함을 버리고 편안함을 선택한 대가는 너무나 크고 무시무시한데도 그 위기를 사람들이 잘 느끼지 못하는 이유는 아마도 모두가 그렇게 똑같이 생활하고 있고, 항상 그 폐해가 불특정 다수에게 나타나는 일이라 자신과 직접 관련이 없을 거라는 안도감 덕분일 것이다. 그러나 그 역기능은 여기저기서 심각하게 나타나고 있고, 그 영향이 자신이나 자기 가족에게도 미칠 수 있다는 것을 감지해야 한다.

아이들에게 꿈을 물어보면 조물주 위에 있다는 '건물주'가 되고 싶다는 애들이 의외로 많다. 우리 사회의 가치관을 한 눈에 보여 주는 대목이라고 할 수 있다. 아이들은 어렸을 때부터 부모나 어른들로부터 불편함을 피하는 방법을 배웠고, 지금 열심히 공부하는 것도 불편하지 않은 미래를 확보하기 위해서라고 생각한다.

걷다가 신발에 못이 박히면 불편하니까 제거하는 것이 맞고, 이빨 사이에 음식 찌꺼기가 껴서 불편하면 이쑤시개로 빼내는 것이 맞다. 이러한 생리적인 불편함은 참으면 병이 된다. 아프면 바로 병원에 가야 한다. 그런데 우리 개인과 사회가 느끼고 있는 불편함은 우리가 바로 제거해야 할 것이라기보다는 참고 감수해야 하는 것이 더 많다. 그리고 그렇게 불편함을 받아들이는 과정을 통해서 우리와 사회가 더 건강해질 수 있다. 예를 들어 도보로 이동할 수 있는 거리는 일부러라도 걸어가는 것이 맞다. 어떤 장소로 이동할 때 편리한 교통수단을 이용하는 것은 효율 면에서는 뛰어날지 몰라도 우리들의 건강을 망가뜨리고, 환경을 해치는 주범이다. 모든 질병은 운동 부족에서 시작되고, 환경오염은 우리를 심각하게 위협하고 있다. 우리가 편한 쪽을 선택했을 때의 대가는 생각보다 크고 심각하다.

인생을 조금 살아 보신 50대 이상의 독자 여러분들은 지금까지 자신이 살아온 인생의 고비마다, 편한 쪽을 선택했을 때와 불편하고 어려운 쪽을 선택했을 때의 결과를 한번 비교해 보라. 그리고 만약 불편한 쪽을 선택했을 때의 인생이 더 가치 있었다고 판단되면, 그것을 아이들에게 가르쳐라. **두 가지 선택의 길이 있을 때 불편한 쪽을 선택하라고.** 그러면 인생의 후회를 조금은 덜할 거라고.

아이러니하게도 **결핍이 축복이 될 수가 있고, 불편함이 가장 아름다울 수 있다.** 결핍의 공허함과, 불편함의 고통이 우리 인생의 긍정적 디딤돌로 작용할 수 있다. 그래서 인생의 아름다운 결실은 항상 쓰디쓴 '불편함'이라는 재료를 어떻게 자신만의 재량으로 멋지게 요리를 잘 해내느냐에 따라 그 맛이 달라진다. 인생은 아무리 편하려고 해도 불편함에서 자유로울 수 없기 때문이다.

성 에너지

성 에너지는 인류의 가장 근본적이고 비중 있는 욕구임에도 불구하고, 부정적인 인상이 강해서 조심스럽게 다뤄지거나 곡해되는 경향이 아주 짙다. 성에 관한 담론을 양성화하느냐 음성화하느냐의 문제가 아니라, 성에 대한 본질을 정확하게 인지하고, 개인적이나 사회적으로 오해하거나 잘못 사용하는 관행과 통념을 바로잡고, 타고난 성 에너지를 어떻게 활용하느냐에 대한 재고가 필요하다.

- 프로이트의 성 고찰

인간의 정신세계에 관심이 별로 없고, 특히 무의식이라는 개념조차 태어나지 않았을 때, 유태인 의사였던 지그문트 프로이트는 우리들의 무의식 세계를 연구했다. 정신분석학의 기초가 된 그의 이론의 핵심은 의식은 무의식이 지배하며 무의식의 가장 큰 동인이 되는 것은 **'리비도' 즉 성 에너지**라는 것이다.

프로이트는 인간이 세 개의 얼굴을 가지고 있다고 말한다. 그것은 각각 이드, 에고, 슈퍼에고이다. 이드는 원초아로 원초적 본능을 말하고, 에고는 현실적 자아를 말하며, 슈퍼에고는 도덕적 자아를 가리킨다. 깃닌이기만큼은 아니지만 사람은 누구나 이드의 지배를 받는데, 원초적 본능 중에서 프로이트는 성욕을 가장 강조했다. 성욕을 가장 강조했다. 그리고 현실적인 자아와 도덕적인 자아가 계속해서 원초적 본능을 억압하면 여러 가지 히스테리나 정신질환을 나타낼 수 있다고 보았다.

프로이트의 정신분석학은 우리의 정신세계 특히 무의식의 영역을 연구 대상으로 끄집어냈다는 데 큰 의의가 있으나, 성 에너지에 집중된 그의 인간에 대한 이해는 지금 우리가 받아들이기에는 많이 부족하고 어설프게 보인다.

- 성 에너지의 전환

성 에너지는 인류에게 내재되어 있는 근본적인 에너지이다. 이것을 바탕으로 우리가 태어났으며, 또한 이것을 통해 우리의 존재를 본질적으로 유지할 수 있기 때문이다. 그렇기 때문에 성 에너지를 제거하려고 애쓰거나 무조건 억누르려고 하는 것은 우리의 존재 가치를 떨어뜨리는 일이다.

하지만 성 에너지는 동서고금을 막론하고 부정적이거나 음성적으로 다뤄진 것이 분명하며, 절제되고 억제되어야 할 대상임에도 틀림없다. 그래서 우리는 육체적, 정신적 측면에서 그 질을 보다 고양시킬 수 있는 방법으로 이 에너지를 표출해야 할 필요성을 인지한다. 이러한 맥락에서 우리는 성 에너지도 다른 가치 있는 에너지로 변환되어 표출할 수 있다는 깨달음을 자각하는 모멘트가 필요하다. 왜냐하면 모든 에너지는 다른 에너지로의 전환이 가능하기 때문이다.

결국 우리는 성 에너지를 가치 있는 정신적 에너지로 전환해 나갈 수 있다. 하지만 대다수의 사람들이 이 사실을 모르거나 무시하기 때문에 육체적 성 에너지만을 사용하고 있으며, 이러한 편견과 습관에 빠진 사람들이 결국 성 에너지의 노예가 되는 것이다. 성 에너지는 나이가 들면서 자연스럽게 감소하기는 하지만 새롭게 계속 생겨나는 것이기 때문에 어느 채널을 통하든지 표출되어야 하며, 분출되지 못하고 쌓인 에너지는 결국 육체적 통로를 통해 배출되려고 할 것이다.

역사적으로 위대한 업적을 이룬 사람들은 고도로 발달된 성 에너지를 갖고 있는 사람들이 많았으며, 그 에너지를 전환하여 활용하는 방법을 잘 알고 있었던 사람들이다. 특히 예술적인 측면에서 천재성을 보여 주는 사람들은 이성에 대한 관심과 에너지를 예술 에너지로 전환시켜 성공을 이룬 대가들이 많다. 이처럼 성 에너지를 창조적인 방향으로 전환시키기 위해서는 본인의 의지와 절제력을 집중시킬 수 있어야 한다. 이것이 말처럼 쉬운 것은 아니지만 그 전환된 에너지로 만들어진 수많은 문학 작품과 건축물 그리고 미술, 음악 작품들을 감상해 보라. 성 에너지가 얼마나 강력하고 창의적으로 활용될 수 있는지를 직감할 수 있다.

또한, 청소년기의 남자 아이처럼 호르몬이 왕성한 시기에는 성 에너지를 정신적인 에너지로 전환 ─ 예를 들어 공부에 전념하는 것 ─ 하는 것도 필요하지만, 다른 육체적 에너지로의 전환 ─ 예를 들어 운동 ─ 도 꼭 필요하다. 이 시기에는 발산해야 할 에너지의 양이 상당하기 때문이다. 청소년기의 자녀를 둔 부모라면 이런 쪽으로 아이들을 유도하는 것이 중요하다. 에너지의 활용과 분배를 염두에 두고 생활하는 청소년들은 없기 때문이다.

성 에너지를 어떻게 다루고 인지하느냐는 자라 온 환경에 많은 영향을 받는다. 무의식이라는 개념으로부터 정신분석학의 시대를 함께 개척한 칼 융은 프로이트와는 달리 리비도(성 에너지)에 그렇게 큰 비중을 두지 않았고, 결국에는 그것이 시발점이 되어 둘은 결별하게 된다. 이렇게 두 석학의 성 에너지에 대한 관점이 다른 이유는 둘이 자라난 환경의 차이 때문이다. 프로이트는 우울하고 복잡한 유태인 가정에서 자랐고, 칼 융은 유복하고 질서 있는 기독교 집안에서 자랐다. 유독 성 에너지를 많이 갖고 태어나는 사람도 있지만, 보통은 어릴 적 자란 환경이 성에 대한 이해와 관점에 결정적인 영향을 미친다. 그렇다고 아이들에게 직접 성교육을 할 필요는 없다. 그냥 에너지가 쌓이지 않도록 발산할 수 있는 채널을 많이 안내해 주고, 가족이 함께하는 시간을 늘려 주면 부모의 역할을 다해 주는 것이다. 그래도 부족하다 싶은 부모들은 아이들과 많은 대화를 하는 것이 가장 중요하다. 같이 맛있는 것 먹으면서, 같이 여행 가면서 아이들의 얘기를 많이 듣는 것이 아이들의 에너지 흐름에 결정적인 역할을 한다. 특히 성에 관해서는 동성의 부모가 카운슬러 역할을 잘 담당해야 한다. 많이 알려 주려고 하지도 말고 숨기려고 하지도 말고 담담하고 솔직하게 얘기하는 것이 가장 중요하다. 아이들이 성 에너지를 어떻게 운용하느냐는 많은 부분 가정의 분위기와 부모의 역할에 의해 좌우된다.

- 성적 자극과 잉여 에너지

요즘은 매체의 발달로 언제 어디서나 성적인 자료들을 보고 들을 수 있고, 성 교육도 예전과는 달리 공공연하게 이루어지고 있다. 그런데 갈수록 성과 관련된 범죄는 늘어나고 있고, 그 강도도 점점 높아지고 있다. 그래서 요즘은 성교육에 대한 회의적인 관점이 많고,

아예 성교육을 하지 않은 집단이 성범죄율이 낮다는 보고서도 계속 나오고 있다.

성 에너지는 자극이 없어도 생겨나지만 자극이 생기면 더욱더 거침없이 촉발된다. 우리가 앞에서 소유 에너지를 다룰 때, 보이는 자극이 제시됐을 때 욕구가 생긴다는 사실을 알아본 것처럼 견물생심은 성적 욕구에도 어김없이 적용된다. 요즘 같은 시대에 완전히 자극을 차단할 수는 없지만 될 수 있는 한 자극을 제시하지 않는 환경을 만드는 것이 중요하다. 하지만 요즘은 아이들도 스마트폰을 하나씩 갖고 있는 시대라 근본적으로 통제하기가 어렵다. 그래서 지혜로운 가정에서는 자녀들이 취침하기 전에 자신의 핸드폰을 문밖에 내놓고 자도록 하기도 한다.

성 에너지는 다른 에너지와는 달리 그것이 육체적 에너지 — 성욕을 충족시키기 위한 — 로 쓰이면 에너지가 해소되거나 줄어드는 것이 아니라, 더욱더 쌓이게 되고, 심하면 중독 상태에 이르게 된다. 왜냐하면 성 에너지가 소모되면 우리 몸이 종족 유지 본능 때문에 가장 우선적으로 그 에너지를 보충하기 때문이다. 그래서 육체적으로 성 에너지를 쓰면 더욱더 새롭고 강력한 성적 욕구가 생겨난다. 침팬지에게 자위행위를 가르쳐 주면 탈진하는 순간까지 쉬지 않고 그 행동을 한다.

성 에너지가 만들어진 근본적인 목적은 자손의 번식인데 현대 사회처럼 늦게 결혼하는 시대에는 이것이 많은 문제가 되고 있다. 이런 사회적 여건을 감안할 때 성 에너지는 확실히 잉여 에너지이다. 에너지가 부족한 것도 문제이지만 에너지가 남아도는 것도 역시 문제다. 성 호르몬이 가장 왕성한 시기를 십 년 이상 보낸 후에야 결혼하는 우리 사회의 관습은 이 남아도는 에너지에 대한 고민과 대처가 필요하다. 그래서 성 에너지는 반드시 정신적인 에너지나 다른 육체적 에너지로의 전환이 필요하며, 사회 구조적으로도 긍정적인 개선이 필요하다. 더불어서 개인적으로는 절제와 다른 에너지로 전환하는 연습이 병행되어야 할 것이다. 무엇이든지 남아서 방치하게 되면 문제가 생기기 때문이다.

걱정 에너지

"어떤 걱정이 있으십니까?"라고 점쟁이가 물어보면, "네, 이런저런 걱정이 있어요."라고 점집을 찾은 사람들은 대답한다. 걱정거리가 있으니까 그곳을 찾아간 것이기 때문이다. 그러나 일반 사람들에게 어떤 장소에서든 똑같은 질문을 던져도 대답은 같다. 모든 사람들은 머릿속에 근심, 걱정이 항상 한가득이다. 만약 걱정이 없는 사람이 있다면, 생각이 없거나 정신적으로 이상이 있는 사람이다. 우리는 항상 걱정, 근심을 머리에 이고 어깨에 지고 다닌다. 그래서 걱정 에너지가 언제나 문제다. 물론 이 에너지는 마이너스 에너지이다. 우리들의 에너지를 갉아먹는 이 걱정 에너지를 없애야 우리 정신이, 더불어 육체가 건강하다. 이 걱정 에너지를 어떻게 없애야 할지 우리는 진정 걱정이다.

- 가장 쉬운 걱정 에너지 해소법

중국에 기나라 때 하늘이 무너지면 어떻게 하나, 땅이 꺼지면 어떻게 하나 걱정하는 사람이 있었다고 한다. 그래서 우리는 쓸데없는 걱정을 하는 것을 '기우'라고 한다. 이 정도는 아니더라도 우리의 생각 주머니 안에는 늘 걱정거리로 가득하다. 그러면 이러한 걱정 쓰레기들을 말끔하게 치울 수 있는 방법은 없을까?

우리 머릿속에 있는 걱정들을 아주 손쉽게 없애는 돈 안 드는 방법이 몇 가지 있는데 그중에 가장 확실한 것이 **몸을 움직이는 것**이다. 우리 뇌는 정말 뛰어난 성능을 자랑하지만, 의외로 맹점이 있는데 그것은 두 가지 이상의 일을 잘 못한다는 것이다. 우리가 욕구의 에너지 기제를 알아볼 때도 확인했지만 우리 뇌는 선택과 집중의 효율을 높이기 위해 두 가지 이상의 일을 잘하지 못한다.

우리가 무언가 걱정하고 고민할 때 우리 뇌에서 사고를 담당하는 전두엽이 활성화되는데, 이때 어떤 운동을 시작하면 운동의 중추인 **소뇌**의 운동 네트워크만 활성화되면서 자동적으로 전두엽의 활동은 무뎌지거나 중지된다. 가벼운 걷기 정도 운동을 할 때는 사색하는 전두엽의 힘이 느껴지지만, 열심히 운동의 강도를 높여 가면 아무 생각도 할 수 없다는 것을 누구나 생활 속에서 경험해 봤을 것이다. 이렇게 열심히 몸을 움직여서 활동을 하면, 그동안 많은 걱정거리 때문에 부하가 걸렸던 전두엽은 휴식을 취한 셈이 되고, 걱정거리는 망각의 비행기를 타고 조금씩 멀리 떠나가게 된다. 또한 운동으로 휴식을 얻은 우리 전두엽은 그전보다 훨씬 싱싱해져서 생각과 계획을 재조정하기 쉽게 되고, 따라서 **걱정은 없어지고 문제는 해결되는 일석이조의 효과**를 얻게 되는 것이다.

어떤 식으로든 몸을 움직여서 운동을 하는 것은 우리 정신과 육체에 가장 효과적이고, 부작용이 없고, 경제적인 치유 방법이다. 생각 과다증이든 걱정으로 인한 불안 장애든 운동을 열심히 하면 대부분 치유되고, 몸은 이전보다 더 건강해진다. 우리 뇌 속에는 자주 쓰지 않는 정보를 휴지통에 넣고 파기시키는 자동장치가 있는데, 이는 우리가 의식하지 못할 때 가동된다. 효율성을 강조하는 우리 뇌는 빈번하게 입력되는 정보는 유기체의 생명 활동에 중요하다고 인식하고, 간헐적으로 들어오는 정보는 무시해도 된다고 판단하기 때문이다. 그래서 어떤 걱정거리를 덜 떠올릴수록 그 문제들은 자연스럽게 우리 뇌 속에서 소멸된다.

우리는 집요하게도 생각으로 시작된 문제들을 생각으로 해결하려는 못된 습관을 가지고 있다. 이렇게 해야 뭔가 정리가 더 잘되고, 문제가 더 깔끔하게 처리될 것 같고, 성취감을 느낄 것 같아서 생각과 고민으로 걱정과 근심을 해결하려고 한다. 하지만 그러면 그럴수록 걱정을 해결하려고 끌어들인 생각들 때문에 우리 뇌 회로는 더 복잡하게 얽히게 되고, 그렇게 되면 얽힌 실타래를 풀기 위해 우리 뇌는 또 부하가 걸린다. 그리고 해결되지 않은 걱정 위에 새로운 걱정만 더 쌓이게 된다. 그래서 들어오는 생각들을 차단하고, 걱정을 깨끗하게 정리하고 청소하기 위해서는 전두엽을 쉬게 해 줘야 한다. 일단 일어나서 몸을 움직여라. 건강해지고 싶은 우리의 육체와 정신은 바로 그것을 원한다.

- 걱정 에너지의 우선순위

우리가 걱정하는 것들이 머릿속에 잡다하게 많지만 나름대로 우선순위가 있다. 이 우선순위를 알면 그 중요도에 따라 예방을 할 수 있기 때문에 유용하다. 그러면 우리는 어떤 걱정을 제일 많이, 자주 하게 될까?

우리가 가장 자주 하는 걱정은 임박한 불안과 관련되거나 난감한 일보다는 우리의 **생각 주머니로 끌어들이기 쉬운 일**들이다. 이러한 일들은 주로 본인이 상상하기 쉬운 것들이다. 개인의 성향이나 경험에 따라 머릿속에 그림이 빨리 그려지는 것들이 있는데 그러한 것들을 우리는 가장 자주 걱정거리로 삼는다. 그러면 우리들 머릿속에 빨리 그려지는 것들은 어떤 것들일까? 바로 최근에 많이 보거나 접했던 것들이다. 우리가 최근에 자주 접했거나 강렬한 인상으로 받아들인 것들은 우리 뇌의 출입구 가장 가까운 쪽에 대기하고 있다가 가장 빈번하게 들락거린다. 그래서 끔찍한 비행기 사고를 목격한 직후에 사람들이 서울에서 부산을 내려갈 때 훨씬 더 사고 확률이 높은 버스를 타고 가는 것이 바로 이런 이유이다.

이러한 걱정을 줄이는 방법은 간단하다. 머릿속에 자꾸 떠오르는 그것과 **관련된 자극을 최소화하는 것**이다. 예를 들어 취업이 걱정되는 대학생은 회사나 취업과 관련된 정보를 당분간 접하지 않는 게 가장 중요하다. 그런데 우리는 걱정 때문에 취업 박람회를 더 많이 찾아다니고 취업 사이트를 뒤적거린다. 그러면 더욱더 걱정은 불어난다. 4학년이 아니라면 그냥 자신이 할 수 있는 것을 최선을 다해서 하면 되고, 관련된 정보로부터의 자극을 차단하려고 애써야 한다. 만약 취업이 임박한 4학년이라도 정보를 탐색하는 기간은 바짝 줄이고, 나머지 시간은 자신이 해야 할 일을 해야 한다. 그래야 취업에 대한 걱정에서 조금이라도 벗어날 수 있고, 자기가 당장 해야 할 일에 최선을 다할 수 있다.

그리고 또 한 가지 자꾸 떠오르면서 괴롭히는 걱정을 없애는 방법은 그 해결해야 할 **문제를 눈앞에 갖다 놓고 마구 흠집을 내는 것**이다. 취업이 문제라면 계속 자기 자신에게 이렇게 말하면서 인지적 스키마의 구조를 바꾸어 나가는 것이다.

"야. 취직 못 해도 괜찮아. 지금처럼 취업이 힘든 상황에서 취지 못하는 게 당연하지. 한 번에 덜컥 회사 들어가는 놈들이 이상한 거야. 몇 번 해 보고, 안 되면 그냥 소규모 창업이나 한번 해 보지. 나는 아이템도 많고 인맥도 짱짱해."

이렇게 자신에게 말하면서 인지 구조를 바꾸면 신기하게도 걱정은 줄어든다. 대안이 있는 문제는 걱정거리가 아니기 때문이다. 문제를 바로 규정하는 것도 중요하지만 약간 왜곡하더라도 합리화하는 방편을 마련해 놓는 것이 좋다.

사람들은 정직함이나 솔직함에 과도할 정도로 쓸데없는 소신과 강박관념을 보일 때가 많다. 다른 사람들을 대하고 나를 표현할 때는 정직함이 우선되어야 하는 것이 맞지만, 다른 사람에게 해를 끼치는 것이 아니라면, 필요에 의해서 자신의 뇌를 거짓으로 잠깐 속이는 것도 필요하다. 내가 따로 창업할 능력이 안 돼도 대안이 있다고 생각해야 지금 하는 취업 준비에 걱정 없이 최선을 다할 수 있기 때문이다. 이것이 《이솝 우화》에 나오는 여우처럼 모든 일에 무리한 자기합리화를 하거나 자신의 정체성을 왜곡시키는 것이 아니라면, 걱정을 없애기 위한 자기 암시는 약간 거짓이 있어도 그것은 정직하지 못한 것이 아니라 지혜로운 것이다.

아주 크고 무거운 걱정이 있다면 지금 당장 그것을 앞에다 갖다 놓고 그것이 아무것도 아닌 이유를 하나씩 만들어 나가라. 그리고 그 걱정이 현실화가 돼도 다른 대안이 있다는 것을 스스로에게 명백히 밝혀라. 그러면 걱정은 당신의 뇌 속에서 점차 자리를 못 찾고 소멸되고, 당신의 삶은 더 의미 있고 밝아진다. 걱정은 그저 시간을 죽이고 우리를 죽이는 에너지일 뿐이다.

- 부정적 오류 제거법

이제 걱정 에너지를 없애는 세 번째 방법을 알아보자. 우리가 머릿속에 갖고 있는 부정적 생각들은 몇 가지 패턴적 오류를 보여 주고 있는데, 이것들을 알아차리고 걸러 낼 수만 있다면 우리는 걱정에서 많이 자유로울 수 있다. 첫 번째로 우리가 많이 하는 사고의 오류 패턴은 '모 아니면 도'인 **흑백 논리 또는 이분법적 사고**이다.

내일 프레젠테이션을 앞둔 회사원 H 씨는 자신이 회사 중역들 앞에서 아주 잘해서 회사에서 두각을 나타내거나, 잘 못해서 폭망하는 두 가지 경우만 있다고 이분법적으로 생각한다. 그러나 사람에 대한 평가는 항상 두 극단이 아니라 그것들 사이 중간 어디쯤에 존재한다. 그냥 너무 못하지만 않아서, 성의 없게 했다는 소리만 듣지 말아야지 라고 생각하면 긴장도 줄일 수 있고, 자기 기분에 조금 미흡한 것 같으면 다음에 더 잘하면 된다.

두 번째 우리들이 흔히 하는 인지적 오류는 **성급한 결론과 감정적 추리**이다. 어렵게 프레젠테이션을 끝낸 H 씨는 나오면서 자신의 팀장이 눈빛도 안 마주치고 지나가는 것을 보고 완전히 망했다고 결론을 냈다. 이제 남은 건 팀장님의 잔소리이거나 험난한 회사 생활밖에 없다고 그는 생각한다. 우리가 흔히 이렇게 성급한 판단과 결론을 내리는 경우가 많은 것은 앞에 이분법적 사고도 원인을 제공하지만, 우리의 사고를 결정하는 근거가 감정적이기 때문이다. 우리는 흥분하거나 감정이 고양되면 뇌 속에 편도체가 활성화되어 이성적인 판단을 할 수 있는 전두엽의 활동을 차단한다. 그래서 부정적 생각을 정리할 때는 흥분된 상태를 가라앉히는 게 가장 중요하다. 감정이 좀 정리가 된 것 같으면 이성적으로 부정적 사고를 정리하되, 이것도 너무 오래하면 더 안 좋다. 10분 정도 간결하게 이성적으로 자신이 오류 상태에 있다는 것을 인지하고, 오류에서 기인한 불안과 걱정을 표면화시켜서 그게 아무것도 아니라는 인지적 구조를 다시 재구성하면 된다.

마지막 오류는 **긍정적 사고를 폄하하는 것**이다. 우리를 걱정의 구렁텅이로 몰고 가는 것은 항상 부정적 가능성만 열어 두고 긍정적 판단을 가볍게 보기 때문이다. 앞에서 H 씨의 팀장이 프레젠테이션이 끝나고 아무런 시그널을 주지 않았다는 것은 별다른 무리 없이 무난하게 잘했다는 신호일 수도 있다. 우리는 흔히 누구에게 문자를 보내고 상대방에게서 답장이 안 오면 온갖 가지 부정적인 생각을 한다. 이런 경우 나중에 알고 보면 자신의 오해였다는 경험을 누구나 다 해 봤을 것이다.

앞에서도 언급했지만 지나친 자기합리화가 아니라면, 적당한 긍정적 사고와 긍정적 대안 마련은 삶의 지혜라고 볼 수 있다. 타인에게 해를 끼치는 일이 아니고 자신의 정체성이 왜곡되는 수준이 아니라면 걱정에 대해서 긍정적인 판단이 필요하다. 그렇다고 자신의 걱정거리가 되는 과거의 실수 경험까지 맹목적으로 긍정적으로만 생각한다면 그건 더욱더 불안한 정신 상태라고 볼 수 있다. **자신이 실수한 점은 인정하고, 긍정적인 면을 열어 두는 개방적 사고가 필요하다는 것**이다. 누구나 실수는 하고, 누구나 한때는 다른 사람을 힘들게 할 수 있다. 중요한 건 다음에 그런 실수를 줄이고, 내 걱정거리 또는 다른 사람의 걱정거리를 만들지 않으려고 노력하는 자세이다.

- 하루살이의 걱정

　이제 걱정을 없애는 마지막 방법을 소개할까 한다. 이 방법은 가장 근본적이고 지혜로운 해결책이며, 우리 삶의 질을 높이는 가장 근원적인 수단이 될 수 있다. 이 방법은 바로 **하루살이처럼 오늘만 사는 것**이다. 어제도 없고 내일도 없으며, 과거도 없고 미래도 없는 인생을 사는 것이다. 오늘 나에게 주어진 일을 하고, 그 일을 다 했으면 편하게 잠들고, 또 내일을 맞이하면 된다. 외계에서 살다가 오늘 새벽 0시에 이곳 지구에 툭하고 떨어져서 자정까지만 살고 다시 떠나는 인생이라고 생각하면 된다. 그러면 걱정이라는 단어가 있는지도 모르고 살 수 있다. 왜냐하면 걱정은 과거의 후회와 미래에 대한 불안으로부터 오기 때문이다.

　누구나 아는 이 방법은 가장 쉬워 보이지만, 가장 어렵다. 아무리 어제로부터 들어오는 문과 내일로 나가는 문을 꼭 닫고 살려고 해도 이상하게 누군가 그 문을 살짝 열어 놔서 걱정이라는 놈들이 솔솔 몰아쳐 들어온다. 그건 아마도 우리가 정말로 하루살이가 아니기 때문에 그런 것일 것이다. 그래서 이때만은 인간의 고성능 뇌를 단순화할 필요가 있다.

　우리의 뇌를 단순화시키기 가장 좋은 방법은 **생활 속의 루틴을 많이 만드는 것**이다. 마치 인공지능 로봇처럼 아침부터 저녁까지 쉴 틈 없이 빡빡하게 일정을 꾸미는 것이 중요하다. 오늘 하루 처리해야 할 일들에 몰입하면서 자연스럽게 과거와 미래의 문이 닫히도록 유도

하는 것이다. 이렇게 해도 보통은 그날 해결해야 할 걱정거리가 계속 생겨나지만 이것들은 과거와 미래에서 오는 걱정과는 비교도 되지 않게 사소한 것들이다. 그리고 그날 해야 할 일들을 좀 더 세밀하고 견고하게 계획하고 실행해 나가면 오늘 해야 하는 걱정은 계속 줄어든다.

 이렇게 오늘을 걱정 없이 살 수 있다면, 내일은 걱정이 줄어든 미래를 확보할 수 있다. 그리고 이 생활이 반복되면 생활 속에 걱정은 그 빈도와 강도가 점차 줄어든다. 그런데 이런 삶을 사는 사람이 있다면 가장 이상적인 삶을 살고 있는 것이 틀림없지만, 우려되는 것은 잘못되면 걱정 없는 배짱이 같은 삶으로 이어질 수도 있다는 것이다. 우리는 걱정을 지운다는 명분으로 정말 아무 생각 없이 사는 사람들이 되면 안 될 것이다. 그래서 이렇게 하루살이처럼 살아가려는 사람들은 하루 중 시간을 할애해서 **집중적으로 사색하는 시간이 꼭 필요**하다. 필자의 경험으로는 밤에 잠들기 전에 이 시간을 갖는 것이 가장 최악이다. 이때 생각이 많아지면 불면증으로 이어진다. 가장 좋은 것은 가벼운 걷기 운동을 하면서 생각을 정리하고 미래를 계획하는 것이다. 이때만 그날의 걱정거리가 있다면 해결책을 생각하고, 사색하는 시간으로 정해 놓는 것이다. 그리고 나머지 하루의 모든 일과는 기계처럼 움직이는 것이 가장 좋다.

 어떤 분들은 루틴한 일을 할 때도 불쑥불쑥 걱정이 떠오른다고 하는데 밀쳐 내는 연습을 하면 깨끗하게 없앨 수 있다. 연습을 통해서 생활 속의 걱정을 조금씩 줄여 나가는데 성공할 수 있는 사람이 있다면 그 사람의 삶의 질은 다른 사람의 그것과 비교가 안 될 만큼 차원이 다를 수밖에 없고, 이 어려운 일을 해낸 사람들의 인생은 그야말로 가장 효율적이고 멋지다고 확신할 수 있다. 왜냐하면 우리는 걱정이라는 좀벌레 때문에 우리 인생의 많은 부분을 갉아 먹히면서 살고 있기 때문이다.

자 이제부터 남은 인생을 좀 더 아름답고 가치 있게 보내고 싶은 분들은 어제에서 오는 문과 내일로 가는 문을 모두 철문으로 바꾸고 자물쇠도 몇 개 채워 보자. 그리고 **오늘이 주는 가치에만 집중하는 생활**을 해 보자. 당신의 삶은 그동안 살아온 인생보다 몇 배 값진 삶을 살 수 있게 될 것이다. 이 값진 보람은 연습하고 훈련하는 사람들에게만 주어지는 특권이다.

- 걱정 에너지의 순기능

모든 것이 그렇지만 걱정이 역기능만 있는 것은 아니다. 걱정과 염려가 많은 사람들이 긍정적 에너지를 만들어 낼 때도 자주 있다.

이 세상에 걱정 없이 살아가는 사람이 존재한다면 그는 뇌가 없는 사람이거나 미래에 대한 희망도 기대감도 없는 사람이 틀림없다. 그래서 걱정이 없는 사람들은 삶의 텐션도 없고 대인관계도 상당히 미흡한 경우가 많다. 반대로 걱정이 적당히 많은 사람들은 희망하는 수준도 높고 이에 따라 자신에 대한 기대치도 상당히 높은 경우가 대부분이다. 그래서 그런 사람들은 그만큼 현실에 최선을 다하려고 애쓰며, 사회생활도 탄력성을 갖고 잘할 수 있다.

또한 걱정과 두려움이 많은 사람들은 큰 사고를 잘 만들어 내지 못한다. 걱정이 많은 사람들은 매사에 조심조심하는 성격으로 함부로 큰일을 벌이지도 못할 뿐만 아니라, 일의 순서를 정해 놓고 하는 습관이 있어서 트러블을 일으킬 가능성이 많이 낮아진다. 그리고 이런 사람과 동행하는 사람들도 더불어 조심하고 꼼꼼해지는 경향이 있어서 이럴 때는 걱정이 긍정적 에너지로 작용한다.

지나친 걱정은 자신의 영혼을 갉아먹는 치명적인 독이지만 **적당한 걱정은 미래를 대비하고, 위험에 대비하며, 현실에 충실할 수 있는 동기**가 될 수도 있다. 하지만 확실한 건 걱정은 순기능보다 해악을 끼치는 역기능이 현저히 많다는 것이다. 모든 것은 약도 되고, 독도 되지만 약으로 쓰기 위해서 위험한 독초를 먹는 위험을 감수할 필요는 없다. 중요한 것은 우리 과거를 돌아볼 수 있고, 희망찬 미래를 설계할 수 있게 해 주는 건전한 걱정은 잘 키우고, 우리 영혼과 생활을 좀먹는 나쁜 걱정은 철저하게 없애는 지혜가 필요하다.

그리움의 에너지

詩: 그리움

그리움은 상상보다도 아찔하고
그리움은 너무 설레지만,
그리움은 언제나 너무 쉽게 아프고
천 개 만 개 쌓이면
가둘 수 없이 서럽다.
너는 그립다 그이가, 그 시절이.
만약 너무 정겹게 사무치면
그냥 가라고 하자.
그리고 나도 다시 떠나자.
새로운 그리움을 만들기 위해.

'그리움'이라는 제목의 필자의 시집에 수록된 글이다. 그리움이라는 정서는 문학작품에서 단골 메뉴로 등장하지만, 규정하기가 정말 어려운 개념이다. 그냥 상징과 비유로 대충 포장해서 함축적인 문학적 표현으로 전달하는 게 최선의 방법이라고 생각하지만, 이것 또한 우리 생활 깊숙이 들어와 있는 감정이므로, 그리움이 만들어 내는 에너지에 대해서 한번 생각해 보려고 한다.

 위 시를 읽으면서 느꼈겠지만 '그리움'이라는 것이 만들어 내는 에너지가 긍정적인지 부정적인지 애매모호하다. 적당히 설레면서 안타까운 것이 두 가지가 공존하고 있는 것이 분명해 보인다. 그래서 이 에너지는 좋게 쓰일 수도 있고 나쁘게 작용할 수도 있다. 그리움이 생산해 내는 에너지에 대해 자세히 알아보자.

- 부재에 대한 증거와 그리움의 대상

누군가가 그립거나 보고 싶다는 것은 지금 그 대상이 곁에 없다는 증거이다. 사람을 앞에다 놓고 그리워하지는 않는다. 그러면 모든 대상이 지금 주위에 없으면 그리움의 대상이 될 수 있을까? 그렇지 않다. 그리움의 대상은 정해져 있다. 그리움의 주체와 객체 사이에 어떤 특별한 교감이 있었던 대상에게만 그리움의 각별한 에너지를 서로 나눌 수 있다. 그러면 둘 사이에 어떤 특별한 교감이 형성되어야 그리움의 대상이 될 수 있을까?

첫째, 그리움의 주체와 객체가 기본적으로 **특별하고 뚜렷한 그들만의 감정적 교류**가 과거에 있었어야 한다. 그것이 사랑이든 애정이든 애착이든 심지어 그것이 증오이든 애틋한 감정을 주고받은 대상이 나중에 그리워진다. 그 대상과 감정의 교류를 한 시간이 많으면 많을수록, 강도가 진하면 진할수록 그리움도 커진다는 것은 당연한 귀결이다. 그러면 짝사랑한 대상과는 감정의 교류가 없었는데 왜 어릴 적 짝사랑했던 사람이 어렴풋이 그리워지는 것일까? 그것은 그 사람과 직접적인 교류나 접촉은 없었지만, 상상 속에서 수많은 감정의 교류가 있었기 때문이다. 상상 속에 만남이 새로운 이미지를 생성하고, 현실보다 더 뚜렷한 추억을 만들어서 그런 사람이 더욱 그리운 것이다.

둘째, 자신에게 **좋은 에너지를 주었던 사람들**이 나중에 더욱 그립다. 우리는 살면서 많은 사람들을 만난다. 그런데 그 사람들이 모두 떠오르는 것도 아니고 아무나 그리운 것도 아니다. 분명히 자신에게 밝고 긍정적인 에너지를 주었던 사람이 항상 그립다. 특히 자신이 어려울 때 도움을 주었다든가, 고통을 함께했던 동료들은 언제나 우리들 기억 속에 가장 단단하게 자리 잡고 있다가 불현듯 떠올라서 그때를 회상하게 하고 그 사람을 보고 싶게 만든다. 그렇게 직접적인 도움은 아니더라도 내 마음을 따뜻하게 해 줬던 사람들이 언제나 생각나고 그립다.

아주 옛날에 처음 사회생활을 할 때, 개인적으로 같이 식사 한번 해 보지 않았지만 필자만 보면 씩 하고 웃어 주던 직장 상사가 있었다. 그분이 가끔 그립다. 그리고 나도 그처럼 다른 사람들에게 따뜻함을 나눠 주는 사람이 되려고 노력했다. 우리는 누구나 만나는 사람들에게 **따뜻한 에너지**를 전해 주는, 그래서 자신을 그리워하게 만드는 그런 사람이 될 수 있다. 이럴 때 그리움의 에너지는 너무 긍정적이고 생산적인, 사람을 살릴 수 있는 좋은 에너지이다.

셋째, 그리움의 에너지는 **대상의 부재가 영원하다면** 그 강도는 배가된다. 아주 가까운 가족이나 친구를 잃었을 때, 그 그리움은 외국에 멀리 떠나 있는 사람을 생각하는 것과는 차원이 다른 걷잡을 수 없는 무서운 감정 상태를 만들어 낸다. 이러한 심리 상태는 거의 다른 모든 정서와 감정을 잡아먹을 정도로 강력한 멘털 위기를 초래한다. 누구나 원하지 않지만 삶을 지속한다면 언젠가는 반드시 경험해야 하는 이러한 트라우마는 우리들 삶의 여정을 참 어렵게 만든다. 이럴 때 그리움의 에너지는 정말 파괴적이고 부정적이다.

회자정리라는 말처럼 우리는 사랑하는 사람과 반드시 어떤 식으로든 언젠가 이별을 해야만 한다. 언제 이별을 마주할지 아무도 알 수 없기 때문에 연습을 하거나 대비를 할 수 없지만, 적어도 사랑하는 사람들이 자신의 옆을 떠났을 때 후회하는 일은 줄일 수 있도록 **현실 생활 속에서 조금이라도 더 사람들에게 최선을 다하는 것**이 최선의 대비책이라고 하겠다. 그렇게 해도 항상 누군가를 보내면 아쉬움은 남지만 혼자 남은 사람의 쓰디쓴 그리움을 그래도 덜 쓰게 만들기 위해서 지금 곁에 있는 사람들에게 충실해야 한다. 그것이 나중에 사무치는 그리움을 줄일 수 있는 최선의 방법이다.

- 자궁 회귀 본능

　나이가 마흔 정도를 넘으면 우리 인간은 자기가 유래된 곳에 대한 강한 정서를 보인다. 그래서 고향이 자꾸 생각나고, 엄마가 그립고, 옛 친구가 그립다. 이러한 감정 상태는 우리의 의지와 상관없이 태어나는 곳이 정해지는 것처럼 벌써 태어나기 전에 정해져서 우리 유전자 속에 깊이 내장된 인간의 본능적 감정이다.

　혹시 나이가 들어 자신이 태어나서 자란 곳을 찾아가 본 적이 있는 사람은 아마 느껴 봤을 것이다. 이상야릇한 감정을. 좋은 기분인 것도 같고, 불쾌한 감정인 것도 같고 정말로 규정하기 힘든 정서 상태를 체험하게 된다. 이러한 감정 상태를 자세히 분석해 보면 다음과 같다. 우선 자신이 태어나고, 자기를 키워 준 곳으로 가면 따뜻한 엄마 품에 다시 안기는 것 같은 포근함과 위로를 느낀다. 곳곳마다 서려 있는 옛 추억을 되살리며 감회에 젖는다. 이것은 틀림없는 긍정적 에너지이다. 그러나 다음 순간 뭔가 결핍되어 있는 것을 느낀다. 그 곳엔 반겨 주는 엄마도 없고, 친구도 자리를 지키지 않고, 하다못해 집 앞에 흐르던 냇가도 말라 버린 지 오래다. 옛날 추억에 대한 애정이 깊을수록 그리운 사람들과 사물들의 부재가 더 강한 마이너스 에너지를 만들어 낸다. 그래서 한참을 떨어져 있다가 고향을 다시 만나면 묘한 감정이 드는 것이다.

　도시에서 태어나 시골 생활을 전혀 안 해 본 사람도 머리에 하얀 서리가 내리기 시작하면 흙을 가까이하고 싶고, 전원생활을 그리워한다. 모두가 자신이 태어난 곳으로 회귀하고 싶은 본능 때문이다. 이러한 자궁 회귀 본능은 인간만이 가지고 있는 것은 아니지만, 은근히 강렬하고 신선한 감정으로 다가올 때가 많다.

　아직 나이가 젊거나 도시에서 자란 사람들은 이 그리움의 감정이 덜한 것이 사실이지만, 이들도 초등학교 동창회에 나가면 편안함을 느끼고, 오랜만에 엄마가 해 주는 밥을 먹을 때와 같은 따뜻함을 느껴 보았을 것이다. 이런 야릇한 감정은 우리 생활에 신선함과 활력소로 작용할 수 있다. 혹시 바쁘게 사느라 오랜 시간 연락을 못한 친구가 있다면 수소문해서 연락을 해 보고, 일 때문에 부모님을 자주 찾아뵙지 못하는 사람이 있다면 시간을 할애해서 한번 따뜻함을 나누는 시간을 가질 수 있으면 좋겠다. 그곳에는 어디서 얻지 못하는 양질의 에너지가 가득할 것이다.

- 기다림의 미학

  살다 보면 많은 시간을 누군가를, 무언가를 기다리면서 보낸다. 약속 장소에서 사람을 기다리고, 물건을 주문해 놓고 택배를 기다리고, 대학이나 회사에 지원하고 합격 메시지를 기다린다. 이러한 일상의 기다림의 순간들은 그리움과 마찬가지로 우리에게 긍정적인 에너지와 부정적인 에너지를 동시에 갖다준다.

  우리는 봄을 기다리며 겨울을 참아 내고, 주말을 기다리며 하루의 노고를 견뎌 낸다. 확실히 기다림은 우리에게 희망을 주고 새로운 에너지를 만들어 낸다. 그래서 어떻게 보면 우리 인생은 짧고 긴 기다림이 이어 주는 의미 있는 여정이라고 볼 수 있다. 실제로 오랜만에 사랑하는 사람들과 여행을 떠날 때, 목적지에서 보내는 시간도 즐겁지만 그것을 준비하고 기다리는 과정이 더 설레고 즐겁다.

  만약 미래에 대한 기다림이 없다면 우리 삶은 너무 건조하고 피폐할 것이다. 앞에서 '소락'의 중요성을 언급했지만 작은 즐거움을 기다리는 마음이 그 즐거움을 배가시킨다. 예를 들어 아침에 맛있는 커피를 먹기 위해 정성껏 준비하는 기다림의 즐거움, 퇴근해서 사랑하는 아이들을 볼 수 있다는 기쁨을 만드는 기다림의 에너지가 우리 삶을 윤택하게 만들고 살 만한 세상으로 이끈다. 그만큼 기다리는 대상이나 상황이 있다는 것은 활력 있는 삶에 필수 조건이라고 볼 수 있다. 정말 사소해 보이는, 음식을 주문하고 기다린다든지, 온라인으로 옷을 주문하고 기다린다든지 하는 일상 속의 행동들이 우리가 살아 있다는 것을 느끼게 해 주고, 삶에 윤활유 역할을 톡톡히 해내고 있는 것처럼.

누군가를 그리워한다는 것도 일종의 기다림이다. 지금은 보고 싶고 사랑하는 사람이 옆에 없어서 그립지만 언젠가는 다시 만날 것을 기다리는 것이다. 그래서 그리움은 기다림처럼 희망의 에너지를 우리에게 던져 준다. 그 과정이 너무 힘들고 어려워서 모든 것을 놓고 싶지만, 우리는 절대로 기다림과 그리움이 주는 희망 에너지를 놓지 않는다. 왜냐하면 그것이 없어지면 다른 모든 에너지의 불씨도 함께 꺼지기 때문이다.

요즘 '희망 고문'이라는 단어가 생겼다. 실제로 어떤 상황에서는 기다림과 희망이 고문으로 다가올 수도 있고, 모든 기다림에는 고문까지는 아니어도, 고통과 인내가 수반된다. 그래서 기다림은 그 과정이 쉽지 않지만, 그만큼의 가치가 있는 것이다. 누군가를 더 기다리고, 그리워하자. 더욱 풍요로운 우리의 삶을 위해서.

- 희망 에너지

그리움과 기다림이 우리의 마음을 절절하게 하고, 상처투성이로 만들기도 하지만, 그것들은 우리에게 미래를 기대하게 하고, 살아갈 이유를 제공해 준다. 우리는 아무리 힘든 상황 속에서도 희망을 놓지 않으며, 희망이 좌절되면 다시 희망을 만들어 간다. 우리 인간은 확실히 희망의 유기체이다.

죽음의 수용소 아우슈비츠에서 살아남은 정신과 의사 빅터 프랭클 박사의 기록에서 가장 인상적인 것은 매일 주위 사람들이 죽어 나가는 상황 속에서도 아무도 자살을 하지 않았다는 것이다. 점점 감정이 메말라 가고 욕구가 소진되어 가는 상황 속에서도 아무도 극단적인 선택을 하지 않았다는 것은 우리의 적응 능력을 보여 주는 것이기도 하지만, **인간은 어떠한 상황에서도 희망의 샘이 고갈되지 않으며, 찍어 먹을 정도의 물만 남아 있더라도 희망의 샘은 다시 차오르고 그 에너지로 우리는 생명을 이어 나갈 수 있다는 것을 암시한다.**

프랭클 박사는 "가장 절망적인 것은 미래가 없다는 것이고, 미래에 대한 기대가 삶의 의지이다."라고 말했다. 미래에 대한 신뢰가 상실되면 우리의 정신과 육체는 즉시 피폐해지고 결국 사망에 이르게 된다. 수용소에 갇힌 사람들이 절망 속에서도 가끔 행복감을 느끼는 순간은 사랑하는 사람들을 떠올릴 때라고 한다. 그래서 우리가 왜 살아가야 하는지 그 이유를 아는 사람들은 미래에 대한 희망의 불씨를 꺼트리지 않는다. 이렇게 우리는 절망 속에서도 살아남게 되고 궁극적으로는 시련을 통해 더 강해지고, 역경을 통해 인생을 배운다.

 그래서 우리가 살면서 가끔 절망할 수 있지만, 절망은 우리를 굴복시키지 못하고 우리에게 결국 다시 희망을 움켜쥐게 한다. 그러나 절망이 아니라 무망인 사람이 문제이다. 우리 주위에는 의외로 희망이 없고, 목표만 있는 사람들이 많다. 이런 사람들은 자신의 목표가 희망이라고 생각하고 있지만 구체적인 희망이나 소망이 없는, 절망에 빠진 사람들보다 더 위태롭고, 어려운 형국에 처한 사람들이다. 이들은 질적으로 행복한 생활을 하지 못하고 있고, 더불어 미래도 상당히 어두운 사람들이다. 예를 들어 주식을 해서 40세까지 1억을 모은다든가, 아니면 강남에 좋은 아파트를 한 채 장만한다든가 하는 목표만 있고 구체적인 소망이 없는 사람들이 많다. 이런 사람들은 목표를 이뤄도 행복하지 않고, 그 목표를 향해 가는 과정도 즐겁지 못하다. 복권에 당첨된 많은 사람들의 인생이 그다지 긍정적인 결과를 보이지 못한다는 뉴스를 많이 대하는 이유가 바로 그것이다. 자신의 미래에 대한 작은 소망들이 구체적으로 정해져 있지 않은 사람들은 그것을 그리워하고 기다리는 소소한 즐거움도, 미래의 행복도 보장할 수 없는 사람이다.

 희망을 품고 미래에 대한 기대감을 갖고 사는 사람은 매일 지나치는 작은 것에서도 즐거움과 가치를 놓치지 않는다. 그리고 생활이 즐겁고 인생이 재미있다. 헛된 꿈에 빠져서 인생을 낭비하는 그런 생활이 아니라, 작은 소망을 기대하고 그것을 위해서 노력해 나가는 사람들의 인생은 거창하지는 않지만 알차고, 화려하지는 않지만 탐스러운 열매를 매일 결실한다. 그래서 그들은 행복하다. 이렇게 만들어진 행복 에너지는 주위 사람들에게도 긍정 에너지로 작용해서 우리 주변은 한 뼘 더 행복해질 수 있다. 작은 소망을 마음의 화분에 키워라. 작은 화분에.

"저 깊은 산골에 작은 계곡물은 열심히 저 아래로 달린다.
계속 흐르다 보면 언제가 만나게 될 넓은 바다에서 할 일이 너무 많기 때문이다.
그래서 **오늘** 쉬지 않고 최선을 다해 흐른다."

창조 에너지

우리 인간은 무언가 만들어 낼 때 가장 집중할 수 있고, 행복하다. 기성복을 사 입고 잘 지어진 집을 구매하면서 대리만족을 느낄 수도 있지만, 무언가를 직접 자기 손으로 만들어 가는 것처럼 만족감과 성취감 그리고 즐거움을 함께 주는 것은 없다. 어떤 것을 만들고 창조해 나간다는 것은 신의 권한이지만 그것을 흉내 내는 것은 아주 재미있다. 창조 에너지에 대해서 알아보자.

- 일상 속의 창조 작업들

우리는 창조라고 하면 항상 거창하고 유형적인 것만을 연상하기가 쉽다. 하지만 매일매일 반복되는 생활 속에서 작지만 위대한 창조 작업을 하면 우리는 긍정적인 에너지를 한껏 뿜어낼 수 있다. 예를 들어 아침에 일어나서 자기만의 아침 식단법을 창조하고, 자기만의 의상 코디법을 창조하고, 자기만의 스마트폰 관리법을 창조하고, 자기만의 설거지법, 자기만의 취침법, 자기만의 사람 대하는 법, 기타 등등. 끝도 없이 우리는 자신만의 생활 속에서 위대한 창조 작업을 이어 갈 수 있다.

필자가 앞에서 귀납적 삶의 중요성을 강조했는데, 자기 자신에게 딱 맞는 생활 관리법을 만들고 고치고, 또 새로 만드는 작업 속에서 우리는 엄청난 쾌감과 만족감을 느낄 수 있다. 또한 이런 삶을 만들어 나가는 사람들은 항상 인생이 진지하고 그러면서도 위트 있고, 탄력 있는 그런 인생의 소유자가 된다. 그리고 이런 사람들은 주위 사람들에게 항상 긍정적인 영향력을 끼치며, 조직에서든 가정에서든 함께 생활하는 사람들에게 언제나 좋은 에너지와 활력을 주게 되고, 많은 유익을 끼친다. 쉽게 말해서 이렇게 창조적으로 자기 일상을 가꿀 줄 아는 사람은 즐거운 인생을 가꾸어 나갈 줄 아는 사람이다.

나르시시즘이라는 용어는 정실질환에 가깝지만, 창조하는 사람들이 **자신의 분신인 창조물을 앞에 놓고 느끼는 쾌감은 가장 자연스럽고, 가장 만족스럽고, 가장 행복한 순간**이다. 인생을 오래 사신 노부부가 자신의 창조물인 자녀들이 모두 모여 있는 것을 보고 느끼는 충족감과 흐뭇함도 바로 그것이다.

자신의 혼과 땀과 노력을 바쳐서 만든 것들을 대할 때, 우리는 카타르시스를 느끼고 인생의 의미를 느낀다. 그리고 그것을 만들어 나가는 그 과정 자체도 잡념을 없애 주고, 몰두하는 쾌감을 선사한다. 자신의 주위를 한번 둘러보라. 좀 더 세련되고 멋있게 고쳐 나갈 것이 없는지.

직장인 J 씨는 늘어나는 뱃살 때문에 고민이다. 결혼도 안 한 총각이 이 정도의 위대한 배를 소유했다는 것을 본인도 납득할 수 없었지만, 회사 일이 바쁘다는 핑계로 주말에만 깔짝깔짝 운동을 하며 살을 빼려고 노력하고 있었다. 회사에서 받는 스트레스로 집에 들어올 때 맥주 한 캔 사 갖고 들어와서 편안하게 한 잔 먹는 게 유일한 낙인데, 그걸 안 할 수도 없는 노릇이고. 그러다가 J 씨는 아이디어가 하나 생각났다. 일단 평일에 따로 운동할 시간을 내기 어렵다면, 거래처를 다닐 때 차를 놓고 걸어서 이동하는 것을 먼저 시도했다. 처음에는 허리와 무릎에 무리가 와서 신발도 운동화처럼 편한 단화로 바꿨다. 하루 이틀 어려운 순간을 조금 넘기니 이제는 하루 14,000보를 거뜬히 채우고, 엄청난 칼로리 소비를 할 수 있게 되었다. 하루 한 캔 맥주 마시는 즐거움은 포기하지 않았지만, 어떤 날은 낮에 걸어 다니느라 너무 피곤해서 그냥 바로 취침한 적도 많아서 자연스럽게 저녁에 무언가를 먹고 자는 횟수도 줄게 되었다. 주말에는 혼자 운동하는 게 재미가 없어서, 당근마켓에 같이 운동하실 분 찾는다고 올렸더니 동네에 같은 생각을 갖고 있는 같은 또래 사람들이 그렇게 많은 줄은 꿈에도 몰랐다. 그분들과 만나서 지금은 같이 운동도 하고, 얘기도 나누고 서로 정보도 나눈다. 집에 돌아와서는 뱃살을 중점적으로 빼기 위해서 레그레이즈를 세트 수를 늘려 가면서 하고 있다. 건강해지는 느낌과 회사 스트레스에서 오는 우울감도 많이 없어지고, 무엇보다도 웃통을 벗고 앞에 전신 거울을 대할 때마다 내가 만든 창조물의 아름다움에 매료되며, 짜릿짜릿한 쾌감과 만족감을 느낀다. 이제는 인스타그램에 자신의 복근 사진을 살짝 올려놓으며 나의 결과물을 과시하기까지 한다. 이때부터 J 씨는 끊임없이 연구하고, 생각하고, 적용하는 버릇을 갖게 되었다. 그는 행복하고 이제야 인생은 충분히 아름답다고 생각하게 되었다.

사람들은 개혁을 추구하기도 하지만, 변화를 두려워하고 싫어한다. 그래서 항상 인생이 지지부진하고 재미없다. 이제부터는 살아가면서 주변에 작은 변화를 만들어 보자. 작은 변화들이, 사소한 창조물들이 주변에 쌓이면서 우리 생활을 얼마나 윤기 있게 바꾸어 주는지 직접 체험해 보아야 한다. 창조하려고 노력하는 사람에게는 그 과정이 어려운 만큼 큰 대가와 보상이 기다리고 있다. 그리고 **아름다운 창조 작업은 미래에 대한 작은 소망들과 어우러져** 우리 삶을 더욱 맛깔나게 만들어 준다.

- 예술 창조 에너지

우리는 앞에서 성 에너지를 다룰 때, 그것을 창조 에너지로 승화시킨 훌륭한 천재들을 언급했었다. 그런데 곰곰이 생각해 보면 그런 예술가들이 성 에너지를 창조 에너지로 전환했다기보다는 에너지 총량의 법칙에 의해 창조 에너지를 많이 쓰면 성 에너지가 줄어드는 것이라고 보는 것이 옳다. 그래서 창조 에너지를 활용한다는 것은 다른 욕구 에너지를 제어할 수 있는 일석이조, 일석삼조 이상의 효과를 노릴 수 있다.

우리는 우리의 일상을 창조 작업으로 아름답게 꾸미는 것에 대해 바로 앞에서 생각해 봤는데, 일상을 창조적으로 바꾸는 것뿐만 아니라, 내가 마치 예술가가 된 것처럼 직접 예술 작품을 만들어 나갈 수도 있다. 우리가 꼭 전문 예술가 또는 천재가 아니더라도, 아무 재주 없는 일반인들도 훌륭한 예술품을 창작해 낼 수 있다. 우리는 어떤 작품을 만들어서 남들 앞에 보일 때, 전문가에 버금가는 평가를 받아야 한다는 강박관념이 있다. 그래서 어느 정도의 수준에 이르지 못하는 작품을 만들어 낼 바에는 그냥 포기하는 것이 맞다고 생각한다. 그런데 그렇지 않다. 앞에서도 언급했지만 창조 작업은 나를 만족시키고 즐겁게 하기 위한 것이다. 작품을 만들다가 그것이 자랑할 만하면 남에게 공개해도 되지만, 그렇지 않으면 그냥 자기만 만족하면 된다.

어떤 시골 마을에 할머니들이 자신의 인생을 담은 시를 써서 함께 시집을 냈고, 어떤 할머니 셋은 자신의 일상을 가사로 만든 랩을 직접 불러서 여기저기서 초청을 받아 공연을 하러 다니기도 한다. 자신이 관심 있는 것이 문학이든, 음악이든, 미술이든 상관없이 자신을 멋지게 표현할 수 있는 능력이 우리 모두에게 존재한다. 그리고 자신의 인생 작품을 누구나 창조해 낼 수 있다.

필자는 자신의 인생이 담긴 책을 한 권 출간하고 싶어 하는 사람들을 도와주고 있는데, 다소 필력이 부족하고, 표현력이 약한 사람들도 옆에서 도와주면 정말 훌륭한 창작품을 만들어 내는 것을 많이 보았다. 자신의 재능은 누가 발굴해 주길 기다리는 것이 아니라 스스로 찾아내고 드러내야 한다.

나이가 점점 들수록 사람들은 무언가를 남기고 싶어 한다. 이것은 아주 자연스러운 본능이다. 그런데 그것이 전문적인 예술품일 필요는 없다. 그냥 나를 표현할 수 있고, 나를 아끼는 사람들이 나를 생각할 수 있는 매개체이면 충분하다. 일단은 먼저 자기가 좋아하는 것 또는 잘하는 것부터 하나씩 작품을 만들어 나가 보자. 그렇게 하나하나 단계를 밟아 나가다 보면 반드시 예술의 경지에 오른 인생 작품을 만들어 낼 수 있다. 그리고 무엇보다도 그렇게 공부하고 연습하는 과정이 우리들에게 엄청나게 좋은 에너지를 만들어 내서 우리 인생을 보다 기름지게 해 준다는 사실이 더 중요하다. 모두 자신만이 만들 수 있는 인생의 역작, 위대한 창작물을 한번 만들어 보자. 엄청난 에너지가 집결되고, 모든 잡념은 사라지게 된다. 그리고 창조해 나가는 과정 속에, 창작 결과물을 놓고 감상하는 시간 속에 우리는 짜릿한 성취감과 만족감을 이어 갈 수 있다. 우리가 만든 창작물 안에는 우리의 애정과 열정과 인생이 들어 있기 때문이다.

관심 에너지

　너무나 당연한 얘기지만 우리는 관심 있는 곳으로 에너지를 집중시킨다. 보통은 앞에서 언급한, 우리에게 쾌락과 만족감을 주는 것들이 관심의 대상이 되지만, 주목할 것은 그 대상이 사람마다 아주 다르게 나타날 수 있다는 것이다. 그리고 요즘처럼 남의 관심을 받고 싶어 하는 시대에는 자신이 누군가에 관심의 대상이 되는 것이 더 중요해지는 환경이 되었다. 무엇이 관심을 불러 모으고, 우리는 어떤 것에 관심을 갖게 될까? 그것에 대해 살펴보자.

- 관심을 끄는 속성

우리 주변에 어떤 사람들이 아니면 물건들이, 또는 어떤 상황들이 우리의 관심 에너지를 끌어당겨 우리의 눈과 마음이 따라가게 만드는 것일까? 그것은 시대마다 다르고 지역마다 다를 수 있다. 일단 보편적인 이야기를 먼저 해 보자.

우선 우리의 관심을 끌어들이는 가장 강한 속성은 **'외적인 아름다움'**이다. 많은 철학자들이나 미술학자들에게 '미'와 '추'의 개념은 그야말로 오랜 세월 동안 논란거리가 되어 왔지만, 우리는 예쁘고 질서 있어 보이는 것에 매력을 느끼고 그것에 관심이 간다. 이러한 성향은 여러 가지 실험을 통해 증명되었듯이 그것들은 어느 정도 생래적으로 타고나는 것이 맞다.

요즘은 취업을 위해서 또는 자기만족을 위해서 남성들도 화장을 하고 피부 관리도 받고 하지만, 역시 아름다움에 대한 반응은 역시 여성이 더 강한 것 같다. 그래서 여자들의 화장이 분장이 되고, 분장이 변장이 되어 가는 과정을 남자들은 순순히 이해해야 한다. 그것은 여성들이 남성들보다 나르시시즘이 더 강해서 그런 것이 아니고, 사회적으로 남성들의 관심이 어떤 것에 집중되어 있는지 잘 알고 그에 대한 나름대로의 적절한 반응을 보이는 것이다. 남자들은 동서고금을 막론하고 노소에 관계없이 예쁜 여자를 선호한다. 이러한 남성들의 타고난 성향이 여자들의 욕구를 자극하고, 뷰티 산업을 활성화시키는 것이다.

우리가 아름다운 한 폭의 그림을 보고, 균형 있게 잘 지어진 건축물을 보고 관심과 호감을 갖는 것은 아마도 그것들이 주는 편안함 때문일 것이다. 우리 인간이 가장 두려워하는 것은 '불안'이다. 그런데 **아름답고 균형 잡힌 것들을 보면 그 불안감으로부터 벗어날 수 있다.** 그래서 그런 그림이 있다면 구매해서 집에 걸어 놓고 싶고, 아름다운 이성이 있다면 사귀고 싶은 욕망이 생기는 것이다. 불안 상태로 빠지는 것이 싫어서.

두 번째 우리 관심을 끄는 것은 **물질적 가치가 있는 것**이다. 자본주의 사회에서 이것은 무시할 수 없는 중량감을 자랑하고 있다. 예를 들어 결혼 적령기의 여성들에게 정말 잘생기고 키 큰 남자와 돈이 아주 많은 남자 중에 선택하라고 하면, 현실적인 판단을 하는 여성이 대부분이다. 이렇게 사람을 평가할 때 외모보다 물질적 가치가 중요해진 것은 누구 탓을 할 것이 못 되고, 지금 이 사회에 가장 만연한, 지극히 정상적인 성향으로 받아들여야 한다.

사람들은 태어나고 자라면서 '돈'의 위력에 대해서 많은 경험과 학습을 하게 되고, 물질의 중요성을 넘어서 그것이 결핍되었을 때 오는 불안과 공포로부터 벗어나고 싶은 심리 기제가 우리 뇌 속에 확립되어 있다. 돈이 없을 때 오는 불안은 앞에 아름다움이나 균형이 파괴되었을 때 오는 불안하고는 그 내용과 질적인 면에서 비교 대상이 안 된다. 그렇기 때문에 결혼 상대자로 잘생긴 남자보다는 돈이 많거나 능력이 있는 사람을 선호하는 여자들을 세속적이거나 기회주의적이라고 폄하하면 안 된다.

물질적 풍요는 우리에게 가장 기초적인 안정감을 부여한다. 이 안정감을 미래에도 확보하기 위해서 우리는 열심히 일을 하고, 또 열심히 미래에 대한 걱정을 한다. 부부 싸움의 4할 이상이 물질과 관계된 것이고, 사람 사이의 모든 갈등도 5할 이상이 이것과 연관된 것이다. 자본주의 사회에서 우리는 이 한계에서 절대로 벗어날 수 없다. 그만큼 물질은 이 사회에서 위계상 가장 높은 곳에 위치하고 있다. 그래서 그것이 우리의 관심을 끌고 집중시킨다.

세 번째 우리의 관심을 끄는 것들은 **희소성이 있는 것들**이다. 우리는 찾기 힘든 것, 보기 힘든 것에 관심이 있다. 물론 경제학에서도 희소성 자체가 관심을 모으고 수요를 촉발시키지만 그냥 우리 눈에 특이하게 보이는, 전에 보지 못한 것들이 우리의 관심을 끈다. 예를 들어 동그란 TV가 있다거나, 초록색 꽃이 있다거나 하면 우리의 관심을 끌게 된다. 이것은 저 넓은 지평선에 조그만 산이 우뚝 솟아 있는 것이 우리 눈길을 끌 듯이 지극히 본능적이고 자연스러운 현상이다.

이러한 본능을 기업에서 마케팅에도 활용하지만, 개인에게도, 다른 사람의 관심을 끄는 매력 있는 사람이 되기 위해서, 자신만의 희소성을 가꾸는 일이 중요하다. 예전에 학생들이 미국 아웃도어 회사의 패딩을 마치 교복처럼 입고 다닌 적이 있다. 그렇게 획일적인 모습으로는 자신만의 것을 표현할 수가 없다. 물론 유행에 뒤처지지 않는 모습도 센스 있지만, 자신만의 패션을 가꾸어 나가는 노력이 희소성을 확보할 수 있고, 훨씬 더 매력적이고 아름다워 보인다. 옷 입는 것뿐만 아니라 우리 생활 전반에서 남들과 똑같은 그런 무난함보다는 자신만의 희소성을 강조하는 삶이 더 멋있고 매력 있어 보이지 않을까.

네 번째 우리는 **사랑하는 대상**에 관심 에너지를 다 써 버린다. 사랑이라는 개념이 너무 포괄적이라 여기서는 인간관계에서 가장 애착을 갖는 대상, 가족과 애인 그리고 배우자로 한정지어서 담론하고자 한다.

피가 섞인 가족은 생물학적, 정서적, 환경적으로 너무나 많은 것을 공유하고 있기 때문에 서로가 애착의 대상이 될 수밖에 없다. 그중에서도 가장 돋보이는 부모의 자식에 대한 사랑에 대해서 얘기해 보자. 우리 인간관계에서 타인이 나보다 잘되었을 때 배가 아프지 않고 오히려 기쁘게 느낄 수 있는 유일한 조건은 자식에 대한 부모의 사랑이다. 자식이 자신보다 잘되거나 앞서 나갈 때 그 부모는 시샘은커녕 본인이 잘된 것 그 이상의 기쁨과 만족감을 느낀다. 모든 부모는 자식에게 무모할 정도의 동일시하는 경향과 그것을 또 뛰어넘는 이상야릇한 연민과 애틋함과 애정을 갖고 있다. 40대 이상의 부모 인생에서 자식이 차지하는 비중이 70퍼센트가 넘는다는 것은 결코 과언이 아니다. 어느 정도 사회적으로 안정된 사람들에게는 자식이 거의 행복의 전부라고 해도 지나치지 않다. 그래서 우리는 아이들에게 어마어마한 에너지를 퍼붓는다. 자신의 분신이 자기가 그동안 못 이루었던 것을 해 주었으면 좋겠고, 또는 내가 제일 좋아하는 것을 따라 해 주면 좋겠고, 아니면 그냥 사랑의 에너지를 주체하지 못해서 아이들에게 관심이 아닌 간섭의 수준으로 밀어붙이는 부모들이 우리 주위에는 많다.

예전에 어떤 엄마가 남편과 이혼한 후 하나밖에 없는 아들에게 너무 무리한 애착의 에너지를 집중시킨 결과, 엄마가 잠들었을 때 아들이 그녀를 살해하는 끔찍한 사건이 있었다. 너무나 극단적인 이야기이지만, 아이들이 부모로부터 받는 간섭의 에너지가 쌓이고 쌓이면 그야말로 어디로 터질지 모르는 긴박한 상황으로 충분히 이를 수 있다. 자식을 사랑 못하는 부모는 없다. 그런데 그 사랑의 에너지를 어떻게 지혜롭게 활용하느냐가 문제이다. 요즘 부모들은 아이들에게 친구 아니면, 혹독한 과외 선생 정도로만 보인다. 그러나 부모는 자식에게 가장 따뜻한 안식처이며, 인생을 두고 가장 존경하는 선배이자 멘토이며, 세상 무너져도 버티고 서 있는 가장 굳건한 버팀목이자 열렬한 응원자이어야 한다. 그렇게 되려면 부모가 많이 공부하고 연구해야 한다. 자식에 대한 넘치는 사랑의 에너지를 어떻게 활용할 것인지에 대해서.

다음으로 이성에 대한 관심과 에너지에 대해서 알아보자. 우리는 큐피트의 화살에 딱 맞았을 때, 아무 것도 못하고 모든 에너지를 그 사랑하는 대상에게만 집중시켰던 경험을 누구나 해 봤을 것이다. 정말로 사랑하는 연인이 당장 없어지면 곧 죽을 것 같고, 다른 모든 것과 바꿀 수 있을 정도의 비장감도 느껴 보았을 것이다. 하지만 이러한 생물학적 사랑의 에너지는 1년 3개월을 넘기지 못한다.

사랑의 에너지를 단계별로 나누어 흐름을 살펴보면 처음에는 성호르몬의 분비로 시작한다, 그리고 조금 지나면 뇌에서 도파민이 나오면서 이끌림의 단계에 이르게 되는 것이다. 그리고 다음 단계가 가장 중요한데 사랑하는 사람과 같이 오래 함께하다 보면, 옥시토신이나 바소프레신 같은 신경전달물질이 분비되면서 서로 애착을 느끼게 된다. 우리가 결혼을 하면 두 남녀가 '정'으로 산다고 하는데 바로 그것이 이 애착의 단계에 이른 상태를 말하는 것이다.

모든 동화는 '공주와 왕자는 행복하게 살았답니다'로 끝나지만 살다 보면 절대로 그렇지 않다는 것을 누구나 공감할 것이다. 삼십 년을 넘게 다른 환경에서 살아온 두 인격체가 만나서 부부로 하나가 된다는 것 자체가 무리한 설정이며, 살다 보면 예상하기 싫었던, 생각 못 했던 변수들이 너무 많다. 그래서 우리는 이성적으로 끌려서 결혼하지만 정으로 살아가는 것이 맞다. 그리고 그것만으로도 많이 부족하다. 사랑하는 관계가 유지되려면 서로의 '인내'가 필요하다. 우리는 사랑해서 결혼하지만 결혼했기 때문에 사랑해야 한다. 그래서 **인내가 마지막으로 사랑의 에너지를 완성시킨다.** 사랑은 길게 참아 내는 것이다.

- 매력 있는 사람

우리는 어떤 사람에게 매력을 느낄까? 주위에 인기 있는 사람들을 한번 떠올려 보자. 그들은 어떤 힘으로 사람들을 끌어당기는 것일까? 지금부터 매력을 만들어 내는 요소가 무엇인가를 알아보고, 우리도 매력적인 사람이 되어 보자.

가장 우선 우리의 관심을 잡아 끄는 매력적인 사람들은 **'공감'을 잘 하는 사람들**이다. 공감이라는 것은 동정이나 연민 같은 것들하고는 차원적으로 다르며, 타인의 감정 깊숙한 상태까지 같이 내려가는 것을 말한다. 예전에는 직장에서도 통솔력 있고 카리스마 있는 상사가 멋있게 보였지만, 지금은 그렇지 않다. 자신의 상황에 동조해 주고 공감해 주는 상사가 가장 매력적으로 보인다. 예전에 먹고살기 힘들 때는 성과를 내야 살아남을 수 있었지만, 지금은 먹고살만 하고 또 사람들이 정서적으로 모두 다 취약해진 상태이기 때문에 능력이 있는 사람보다 공감해 주고 다정한 사람들이 더 매력적으로 보인다.

직장인 H 씨는 오늘도 현장 담당자와의 마찰로 어마어마한 스트레스를 받고 있다. 신입 사원인 자신을 마치 아들 취급하는 현장 담당자와의 갈등은 이 회사의 아주 오래된 전통처럼 뿌리박혀 있는 못된 관습이었다. 오늘도 H 씨는 현장에 전화하고 나서 끓어오르는 분을 삭이지 못하고 있는데, 지나가던 팀장이 한마디 한다. "H 씨 많이 힘들지? 그 사람들은 회사 직급 체계도 무시하고 조직에 대한 개념이 없는 사람들이야. 힘들어서 어떡해? 뭐 먹고 싶어? 끝나고 뭐 맛있는 거 먹자, 팀 회식 말고 H 씨하고 나하고 단둘이만 맛있는 거 먹자. 오케이?" 이 말을 듣는 순간 H 씨는 마치 하늘에서 천사가 내려와서 자신의 상처를 치유해 주는 것 같은 느낌을 받았다. 이렇게 멋있는 팀장을 모시고 일한다는 것 자체가 뿌듯했고, 정말 다닐 만한 직장이라고 생각했다. 지금까지 어느 누구도 자신이 힘들어하고 있을 때 이런 식으로 반응한 사람은 없었다. 모두 다 자신도 신입 사원 때 당했던 일이니까 자네도 버티는 수밖에 없다고 하든지, 아니면 바로 현장 사람들을 대하는 팁이나 요령을 가르쳐 주는 사람들이 대부분이었다. H 씨는 그날 처음으로 버틸 힘이 생겼고, 인생에 아주 중요한 무언가를 얻은 느낌을 받았다.

두 번째 매력적인 사람은 자기 **개성이 뚜렷한 사람들**이다. 개성이란 남들과는 다른 뚜렷한 성향, 아우라 같은 것을 말하는데, 이것이 다른 사람들의 시선을 끌어모으려면 몇 가지 원칙이 있다. 우선 **자신의 독특함이 남에게 피해를 주어서는 안 된다.** 예를 들어 목욕을 자주 안 한다든지, 다른 사람 다 하는 카톡을 안 한다든지 하는 것은 그냥 이기적이고 생각이 없는 것이지 개성이 있다고 하지 않는다. 우리는 보통 이렇게 남에게 혐오감을 주는 개성을 '**개** 같은 **성질**'이라고 한다.

멋있는 개성으로 자리 잡을 수 있는 두 번째 조건은 남들과 다른 독특함이 정말 **자연스러움에서 우러나오는 것**이어야 한다. 인위적으로 만든 부자연스러운 것이 아니라 아주 자연스럽고 저 사람은 정말 원래 저렇게 태어났나 보다 하고 느낄 정도로 부담 없고 잘 어울리는 개성이라야 진정 멋있는 개성이 되고 사람들이 멋지게 봐 준다. 자기와는 전혀 어울리지 않는 옷을 입고, 머리 스타일을 하고 다니는 사람들은 그저 역겨울 뿐이다. 그래서 자신의 진정한 개성을 찾기 위해서는 시간이 필요하고, 다른 사람들의 반응을 지켜봐야 한다.

어떤 사람들은 남들 눈을 의식하면 그것이 무슨 개성이냐고 반문

하는데, 그것은 아주 얕은 생각이다. 남들이 어울린다고 해야 그것이 진짜 개성이다. 우리가 모든 것을 사회적으로 인정받고 살아야 하는 것은 아니지만, 자기 잘난 맛에 꾸미고 다니는 것을 남들은 개성이라고 불러 주질 않고, 매력 있다고 느끼지도 않는다. 우리가 옷을 입는 행위에 대해서 생각해 보자. 그것은 나를 위한 행동일까, 아니면 남을 위한 행동일까. 단순히 내 몸을 가리기 위해서나 감기에 걸리지 않기 위해서 옷을 입는 것이라면 그렇게 예쁘고 자기에게 맞는 옷을 고를 필요가 없다. 우리가 옷을 사 입는 것은 남들이 바라보는 나를 의식하는 다분히 사회적인 행동이다. 무인도에서 혼자 산다면 자신의 개성이라는 것은 의미가 없다. 다른 사람들의 시선을 의식하는 것이 개성이고, 다른 사람들이 평가하는 것이 개성이다.

다음 세 번째로 우리들에게 매력적으로 보이는 사람들은 자기 일에 **몰두하는 사람**이다. 자기 일을 멋지게 집중해서 하는 사람들만큼 매력적인 사람은 없다. 정성스럽게 환자를 돌보고 있는 의사, 열심히 아이들을 가르치고 있는 선생님, 집안일을 멋지게 해내는 전업주부. 이들 모두가 가장 아름다고 매력 있는 사람들이다. 자기가 있는 자리에서 소신껏 자신의 모든 능력을 발휘해서 에너지를 발산하는 사람들을 보면 그 에너지가 항상 긍정적인 물결로 다가오는 것을 느낀다. 반대로 자신의 일에 관심이 없거나 다른 사람에게 떠맡기거나 하는 사람들을 보면 부정적인 에너지만 느껴지고 상대하기가 싫어진다. 열심히 자기 일을 하는 사람들은 자신은 모르지만 그것을 보는 주위의 사람들은 그의 매력에 빠진다. 땀과 정성 속에는 남들을 끌어들이는 이상한 마약 같은 것이 있는 것이 분명하다.

네 번째 매력 있는 사람들은 **융통성이 있는 사람**이다. 우리가 어렸을 때는 도덕 시간에 어떤 일이 있어도 법과 규칙을 준수해야 훌륭한 어린이라고 배웠다. 그래서 나이가 든 기성세대 중에는 아주 딱딱하고 뻣뻣한 사람들이 많다. 이런 사람들은 매력이 없는 것은 물론이거니와 경계해야 할 대상 1호이다. 융통성이 없는 사람들만큼 세상을 힘들게 하는 사람들이 없다. 물론 때로는 엄격한 잣대와 판단이 필요하고, 용서하는 것만이 능사가 아니다. 하지만 중요한 것은 관용할 수 있는 마음가짐의 베이스를 깔아 놓고 상황을 판단해야 한다는 것이다. 법과 규칙이 누구를 위해서 존재하는 것인지를 알고, 그것을 집행하거나 실행해야 한다는 것이다. 미국의 어떤 시골 마을에서 보건소에 다니는 미등록 간호사가 퇴근하다가 길 위에 쓰러진 사람을 구했다가 무면허 치료로 주 법원에 선 사건이 있었다. 이해하기가 어렵고 납득이 가지 않는 상황이라고 여길 수 있겠지만, 개인적으로 자기 자신만의 원칙과 잣대를 세워 놓고 원리 원칙대로 하려는 사람들이 이처럼 우리 주위에는 적지 않다.

우리가 타인에게 융통성을 보일 수 있다는 기본 전제는 우리 자신이 허술한 존재라는 것을 인정하는 것이다. 내 자신이 부족하기 때문에 다른 사람들의 빈틈도 인정하는 것이고, 사람들이 만들어 놓은 법과 질서도 관용의 자세로 해석할 수 있는 것이다. 대조적으로 원칙주의자들은 자기 자신이 완벽하다고 생각한다. 여기서부터 악몽은 시작되고 모든 대인관계는 삐걱거리기 시작한다. 이런 사람들은 자기가 완벽한 것처럼 다른 모든 사람들도 완벽해야 한다고 생각하고 끊임없이 타인의 부족함을 찾아내서 그것을 바로잡으려고 한다. 진정 자신이 많이 부족하다는 것을 인지하지는 못하고서 말이다. 그러나 융통성이 많은 사람들은 몇 가지 원칙만 정해 두고, 다른 모든 것들을 이해하고, 인정하고, 품으려고 한다. 그래서 참으로 이런 사람들은 더 속이 가득 차 있고, 좋은 에너지를 주는, 매력적인 사람들이다.

마지막으로 매력을 뿜어내는 사람의 유형은 누구나 인지하고 있는 **능력 있는 사람들**이다. 능력 있는 사람들은 아주 쉽게 우리의 관심을 끈다. 손흥민 선수가 골을 넣을 때마다 매력적으로 보이고, 남편이 돈을 많이 벌어다 줄 때마다 멋있어 보인다. 아주 오래된 자료라 지금은 많이 다를 수밖에 없지만, 20여 년 전에 어떤 매체에서 남자 친구가 가장 매력적으로 보일 때는 언제인지 설문 조사를 했었는데 결과가 의외다. 1위로 나온 것이 남자가 '악기를 연주할 때'였다. 더 놀라운 건 남자가 '후진 주차를 할 때'가 10위 안에 있었다는 사실이다. 물론 지금은 이런 결과를 예측하기가 힘들지만 남성의 능력이 여성에게 얼마나 매력적으로 다가올 수 있는지를 보여 주는 좋은 예이다.

사람들은 특히 자신이 할 수 없는 것을 해내는 사람들에게 매료된다. 우리가 스포츠 스타를 좋아하고, 연예인의 팬이 되는 것은 그들의 능력이 주는 매력에 빠져 있기 때문이고, 그들을 통해서 자신의 능력으로 할 수 없는 것을 대리만족 하고 있기 때문이다. 처음에는 자신과는 급이 다른 높은 경지에 있는 사람들을 부러워하고 추앙하지만, 나중에는 결국 동일시하고 그들을 닮아 가려고 애쓴다. 이런 과정 속에서 매력덩어리인 대상과 나는 하나가 되고, 또 하나의 나르시시즘을 만들어 내게 되는 것이다.

지금까지 매력 있는 사람들의 속성에 대해서 알아봤는데 지금처럼 활기차게 정보가 공유되고 사생활이 공개될 수 있는 환경에서 자신의 매력을 한껏 발휘해야 하는 것은 현대인의 기본적인 덕목이 되어 버렸다. 매력적인 사람으로 자신을 가꾸면서 즐거움도 느끼고, 더불어서 자신의 매력으로 남들에게 좋은 에너지를 줄 수 있는 사람이 되기 위해서 각자의 노력을 경주해 보자.

- 사념에 대한 관심

우리는 지금 관심 에너지에 대해서 고찰하고 있는데 우리 주위에는 사념에 빠져 있는 사람들이 많다. 여기에서 사념이란 단어는 '잡다한 여러 가지 생각(思念)'과 '올바르지 못한 그릇된 생각이나 신념(邪念)' 두 가지 의미를 다 포함한다. 나이가 들어 가면서 사념에 관심 에너지가 집중되는 사람들이 의외로 많다. 젊었을 때는 해야 할 일이 많고, 여기저기 바빠서 다른 잡다한 것들에 관심을 둘 수도 없었지만, 생활이 조금 안정되고 여유가 있고 활동 반경은 좁아지면서 머릿속에 잡념이 늘어난다. 이쪽 걱정, 저쪽 근심으로 잠 못 이룰 때도 많고, 크고 작은 잡념덩어리들이 불쑥불쑥 고개를 들며 나타난다. 그러다가 한 가지에 꽂히면 그것을 아주 오랫동안 집요하게 생각한다. 시간이 많기 때문이다. 나중에는 그렇게 사념에 빠지는 것이 취미가 되어 버리고, 더 진행되면 일상이 되어 버린다.

이렇게 사람들이 사념에 빠지도록 이끄는 매개체가 유튜브이다. 시간이 많고 할 일은 없는 중년들이 심심해서 유튜브를 뒤적거리다가 자신의 흥미와 매치가 되는 어떤 것에 잡혀 버리면 그것이 곧 관심사가 된다. 남아도는 에너지는 쓰긴 써야 하는데 몸을 움직일 기분은 아니고 해서 생각에 빠져든다. 그런데 이런 생각들은 수학 문제처럼 논리적인 흐름을 갖고 있는 것이 아니고, 다소 단순한 인과관계에 근거한 것이 대부분이다. 그런데 이렇게라도 에너지를 방출하면 무언가 해낸 기분이 들기 때문에, 계속해서 사념 속으로 빠져든다.

이러한 사념의 소재는 어떤 사람에게는 철학이 될 수도 있고, 어떤 이에게는 종교나 정치 같은 것이 될 수도 있다. 이러한 관념적인 재료에 푹 빠져서 오랫동안 생각을 하고 나면 그 분야에서 일가견을 갖게 되었다는 자신감이 생기게 되고, 당위성까지 부여하면서 자연스럽게 천천히 주위 다른 사람들에게 자신이 귀하게 알아낸 것을 전파하려고 한다. 사람들은 누군가를 가르칠 때 자신의 생각이 정리가 되고, 확신이 서기 때문이다. 그러나 이렇게 다른 사람들에게 자신의 사념을 전달하면 그것은 그냥 더욱더 사사로운 사념으로 흐르게 될 뿐이다.

이러한 사념의 늪에 빠져서 아까운 에너지를 낭비하지 않기 위해서는 자신이 관심 있는 분야가 있다면 그것에 대한 기초적이고 체계적인 공부를 해야 한다. 어떤 학문이나 다른 분야에 관심을 가지려면 기본부터 체계적이고 수직적으로 연구를 해 나가야 한다. 그게 귀찮고 그냥 유튜브나 보면서 즐기고 싶으면, 그냥 취미로 즐기면 된다. 주위 사람들에게 권유나 강요하지 말고. 아니면 우리가 앞에서 살펴봤듯이 몸을 움직일 수 있는 다른 건전한 취미거리를 찾는 것이 이런 사람들에게는 급선무이다. 자신과 가족의 평안과 건강을 위해서.

동양의 에너지 기

우리 일상 언어에 '기(氣)'라는 단어는 깊숙이 들어와 있다. "기력이 없다", "기가 막히다", "기분이 안 좋다"와 같은 말에서 우리는 아무 생각 없이 기라는 단어를 넣어 쓰고 있다. 기라는 단어가 이렇게 일상 언어 속에서는 건강생활 관련 단어로 주로 쓰이고 있지만, 이 단어는 동양철학의 기반을 형성하고 아주 오랫동안 우리 사상을 지배해 온, 우리 DNA 속에 깊이 뿌리박힌 의미 있는 단어이다. 동양 철학에서 얘기하는 어려운 기의 설명은 줄여 두고, 우리 생활과 특히 에너지와 관련된 주제에 대해서 생각해 보자.

- 기의 역사

　동양에서는 만물의 기본이 되는 성질을 '기'라고 보았다. 노자, 장자 이후로 동양철학의 주재료로 쓰여 왔으며, 한의학에서도 중요하게 다루어지고 있는 중요한 요소로 이 '기'가 자리 잡고 있다. 음양오행설과 함께 자라 온 '기'의 개념은 송나라에 이르러 불교와 도교의 영향을 받은 '주자학'이 탄생하면서 엄청난 전환점을 만들었다. 물질의 기본 원리인 '이'와 더불어서 '기'가 동양철학의 중심을 차지하게 된 것이다. '이기론'으로 이어진 주자학의 중심 사상은 우리나라에 고스란히 전해져 '성리학'으로 발전하면서 우리의 정신세계를 지배하게 된 가장 중요한 개념으로 이어지게 되었다. '사단칠정론'으로 촉발된 학자들 간의 '이'와 '기'에 관한 논쟁은 오랜 세월 동안 지속되었으며, 그 난해한 관념적 개념들을 우리가 이해할 필요는 없다. 다만 그 당시의 유학자들은 나름대로 자신의 논리와 질서로 그것들을 잘 이해하고 설득하려고 애썼다. 하지만 지금은 그 '기'의 의미가 한의사들이나 기공사들이 주장하는 '기'의 개념과 마구 섞여 버리면서 '기'의 본질에 대한 연구는 더욱더 난잡해지고 질서를 잃은 느낌을 지울 수 없다.

　중요한 건 서양의 물질과 정신, 선과 악, 질료와 형상과 같이 쉽게 이분화하는 개념으로 '이'와 '기'를 설명할 수 없기 때문에 동양철학은 상당히 어렵고, 우리의 정신세계를 더욱더 관념의 세계로 깊게 빠지게 만들었다. 그 결과로 실천주의를 지향하는 양명학을 일찍 받아들인 일본에게 나라를 빼앗기는 수모를 겪게 된 것이다. 물론 우리나라도 나중에 '이'보다 '기'를 강조한 실학사상이 일어나서 실질적인 학문들이 연구되기 시작했지만, 서양 중세의 암흑기처럼 우리도 몇백 년을 형이상학에 빠져 어두운 길을 걸었던 것이 분명하다.

이런 관점에서 본다면 현대 한의학이나 기공학에서 구체적으로 '기'에 대한 연구를 하는 것은 어느 정도 바람직하다. 과학적이라서 바람직한 것이 아니라, 우리에게 유익을 줄 수 있는 접근방법이기 때문에 바람직하다. 그러나 과학적으로 밝혀진 성과는 두드러진 것이 거의 없다. 이처럼 '기'라는 단어나 개념이 우리 생활 속에 깊숙이 들어와 있는 것에 비한다면 기에 실체에 대해 알려진 것은 아주 미미하다고 볼 수 있다. 우리 몸 안에 실제로 기가 출입하고 그것이 우리의 건강과 관련된 것이라면 지속적인 과학적 연구가 뒷받침되어야 할 것이다.

- 기의 본질과 활용

'공명 이론'이라는 우리 주변에 뚜렷한 현상이 있다. 미국에 유학 중인 아들이 갑자기 생각나서 잠에 깨어났는데 그 시간에 그 아들이 중대한 위기에 빠져 있다거나, 전쟁터에 나간 아들이 갑자기 죽었다고 말하는 부모들의 사례이다.

마치 소리굽쇠를 진동하면 옆에 있는 소리굽쇠가 같이 울리듯이 아주 친밀한 사람들 간에 일어나는 이러한 공명 현상은 쉽게 설명할 수 없지만, 이러한 현상들이 너무 자주 발생하고 있어서 학자들이 그 실체를 찾아 연구하고 있다. 아마도 우리가 '기'라고 부르는 에너지도 보이지는 않지만 이것과 비슷한 종류의 것이라 유추할 수 있다. 눈에 보이지 않던 소리의 파동이 과학적으로 증명된 것처럼 머지않아 과학적으로 밝혀지리라 믿는다.

보이지 않는 '기'의 실체에 대한 과학적 규정은 전문가들의 몫으로 남기기로 하고, 이제부터는 인문학 글답게 이 글의 취지를 살려서 우리 일상에서 쓰이는 '기'에 대한 정의와 활용에 대해서 알아보고자 한다.

우선 우리 생활 속에서 빈번하게 사용되는 '생기(生氣)'라는 단어를 먼저 살펴볼 필요가 있다. 이 단어의 뜻은 '살아 있는 기운'이라는 뜻이다. 만약에 등급이 있다면 '기'가 들어가는 단어 중에 가장 중요하고 높은 자리를 차지하는 것이다. 우리 인간은 '유기체'로 되어 있고, 이 유기체라는 단어에서 '기'는 '氣'가 아니라 '機'를 말하며 이 '機'는 '탄소(C)'를 말한다. 탄소는 3대 영양소(탄수화물, 지방, 단백질)에 공통적으로 있는 원소이고, 이 3대 영양소는 우리 몸속에 들어가 산소를 만나 에너지원으로 쓰인다. 다시 말해서 탄소를 가지고 있는 유기체라는 뜻은 에너지원을 가지고 있다는 뜻이고, '생명 활동'을 할 수 있다는 의미이다.

그래서 유기체인 우리가 '생기'가 없다면, 그건 벌써 유기체도 아니고 생명체도 아니다. 생명을 갖고 있는 우리는 '생기'가 있어야 한다.

'생기'를 유지하기 위해서 잘 먹고 잘 자는 것이 가장 중요하다. 하지만 밭에 키우는 식물은 햇빛과 양분과 물을 적절하게 주면 조건이 충족되어 잘 자라지만 인간은 그렇게 간단하지 않다. 모든 것이 갖추어져 있는데도 '생기'가 없는 사람이 있고, 여러 가지 많이 부족한데도 불구하고 '생기'와 '활기'가 넘치는 사람이 있다.

지금 시대에 못 먹고 굶주려서 '생기'가 없는 사람은 드물다. 하지만 우리는 주위에 '생기'를 잃은 사람들을 흔히 볼 수 있다. 여기에서 우리는 '생기'의 수준을 높이고, '생기'의 개념을 완성시켜 주는 것이 눈에 보이는 것들이라기보다는 눈에 보이지 않는 것들이라는 사실을 쉽게 알 수 있다. 우리는 이러한 것을 '마음' 또는 '정신'이라고 한다. 여기서 우리는 지금까지 우리의 고정관념의 틀을 깰 수 있는 하나의 단초를 마련한다. '생기'를 완성하기 위해서는 여러 가지 **물질적 조건과 정신적 조건이 하나가 되어야 한다**는 것이다. 이 얘기가 너무나 당연하게 들리는 것은 물질적인 것만큼 정신적인 것도 중요하다는 것을 우리가 살면서 귀가 닳도록 들었기 때문이다. 그러나 여기서 강조하고 싶은 것은 이 두 가지가 다 중요하다는 것이 아니고, **두 가지가 하나**라는 것이다.

이 사실이 납득이 가지 않는 가장 큰 이유는 우리 인류가 생각이라는 것을 시작했을 때부터 정신과 육체 또는 영혼과 물질이 나눠져 있다는 이분법적 사고를 해 왔기 때문이다. 그래서 정신과 육체가 하나라는 관점을 쉽게 받아들이려 하지 않는다. 이러한 이분법은 처음에 영혼과 육체를 구분하기 위한 것에서 출발했다. 영혼과 육체가 분리되어 있다는 것은 옳다. 인간은 혼과 육으로 되어 있다. 그런데 여기에 '정신', '마음', '감정'과 같은 것들이 끼어들면, 속성상 이런 것들은 '영혼'처럼 눈에 보이지 않는 것들이기 때문에 아무 생각 없이 '영혼'의 범주에 함께 묶어 버린다. 여기서부터 우리는 '정신'을 '육체'로부터 분리하기 시작한 것이다.

그러나 '정신'이나 '마음'은 우리 육체처럼 눈에 안 보이기는 하지만, 이것들 역시 우리 육체의 활동 중 하나이다. 우리 몸의 일부분인 '뇌'가 하는 활동을 '정신 활동'이라고 한다. 정신세계는 따로 분리되어 있는 것이 아니라 그냥 우리 몸의 일부분인 뇌가 담당하는 하나의 기능이다. 그리고 뇌의 활동은 우리 모든 지체들과 유기적으로 긴밀하게 연결되어 있다. 마음이 우울하면 몸에 활기가 떨어지고, 입맛도 없고, 감기에도 취약해진다. 그리고 심각한 외상을 당하면 정신적으로 쇼크가 온다. 그래서 보통 우리는 아주 어려운 문제에 봉착하거나 크게 좌절했을 때 식음을 전폐하는데, 정신을 차리려면 먹어 줘야 한다. 먹어야 육체가 살고, 육체와 정신은 하나이기 때문에 정신도 산다. 예전에 우리 국가대표팀이 실력이 모자랄 때면 해설자가 우리 선수들은 '정신력'으로 싸워야 한다는 소리를 자주 했는데, 그건 애초에 잘못된 언어 사용이다. '정신력'이라는 것은 따로 생겨나지 않는다. 몸에 에너지가 있어야 정신도 에너지도 발휘된다.

정신은 그렇다 치고 '마음'이나 '감정'은 우리의 육체와는 별개의 것이 아니냐는 질문을 많이 받는데, 이것들도 마찬가지이다. 우리나라 사람들은 '마음' 하면 하트 모양이 생각나고 가슴 어디에서 생겨나는 것이라고 생각하지만, 서양 사람들은 'mind'라고 하면 머리를 가리킨다. '마음'도 우리 정신 활동의 일부분이고 결국 뇌가 하는 육체적 활동이다 '감정'이라는 것도 뇌의 신경전달물질이 만들어 내는 우리 몸의 기능 중 하나라고 보면 된다. 정리해서 얘기하면 우리의 '정신', '마음', '감정' 모두 우리 육체 활동의 일부분이다.

 유기체인 우리 몸은 각 지체가 긴밀하게 연결되어 서로 영향을 주고 도움을 받는다. 여기서 우리말에 '유기적'이라는 단어가 나왔다. 우리 뇌도 우리 몸의 지체 중 하나이며 동시에 가장 중요한 역할을 담당하고 있다. 그래서 뇌가 만들어 내는 정신 활동은 우리 육체의 활동 중에 가장 가치 있고 의미 있는 작업을 수행하고 있다. 그리고 **이 정신 활동이 우리 몸의 모든 지체들과 손을 잡고 유기적으로 '생기'를 만들어 나간다. 따라서 우리 안에 '생기'를 가득 채우려면 우리의 몸과 정신이 하나라는 관점으로 항상 접근하고 출발해야 한다.** 그것이 인간이라는 유기체에 활력을 불어넣기 위한 시발점이 될 수 있다.

 다음으로 우리가 다뤄 봐야 할 '기'는 **총기(聰氣)**이다. 총기란 '총명한 기운'을 뜻하고, 총명하다는 것은 '아주 영리하고 재주가 좋다'라는 뜻이다. 영리하고 재주가 좋은 사람으로 태어나면 좋겠지만, 이렇게 타고나지 못한 사람은 자신의 노력으로 다다를 수 있는 한계가 분명히 있어 보인다. 하지만 '총기'라는 단어의 '총(聰)' 자는 한자 모양에서도 알 수 있듯이 '귀가 밝다'라는 뜻이다. 우리는 단숨에 똑똑해지고 재능이 뛰어나게 될 수는 없지만, 조금의 노력으로도 귀를 밝게 할 수 있다. **다른 사람의 말에 귀를 기울이고 경청할 수 있는** 건 능력을 타고 나는 것이 아니고, 아무나 할 수 있는 것이다.

남의 말을 들어 주는 것은 '소통'의 시작이자 끝이다. 현대인들은 남에게 말을 하려고만 하지 들어 주려고 하지 않아 소통에 장애가 생기고, 다른 사람과 분리되어 있다는 느낌을 받는다. 그리고 결국에는 사람들과의 마찰을 빚어 낸다. 그러면서 서로 타인을 탓한다. 그래서 자기 말만 하는 사람 주위에는 항상 사람들이 없다. 이런 사람들이 다른 조건을 내세워서 사람들을 모으려 해도 옆자리는 항상 비어 있다.

사람들은 항상 외롭다. 그래서 누군가와 대화하고 싶고 소통하고 싶어 한다. 그런데 한 사람이 말을 하면 한 사람은 들어 주어야 한다는 진리를 간과한 채 우리는 대화를 한다. 그래서 항상 대화는 삐걱거리고, 말을 많이 한 것 같은데 앙금만 남는다. 그래서 자기 만만 하는 사람처럼 천하고 저급한 사람이 없다. 물론 아이들 수준에서 토론하듯 자기 얘기만 떠들 수는 있다. 그건 아이이기 때문이다. 어른은 조금 달라야 한다. 물론 그 사람의 말버릇과도 관련이 있지만 자기 말만 하는 사람은 가장 낮은 수준의 인격을 갖고 있다고 볼 수 있다.

우리는 들을 줄 알아야 한다. 남의 말을 들을 줄 알아야 하고, 세상이 굴러가는 이치를 들어야 하며, 자연의 소리를 들을 줄 알아야 한다. 그리고 들은 것들을 이해하려고 노력해야 한다. 이것을 우리는 '총기'가 있다고 한다. 공자는 나이 60을 '이순(耳順)'이라고 하였다. 나이를 먹으면 귀를 좇아 세상의 이치를 이해하게 된다는 뜻이다. 더 쉽게 말해서 나이가 들면 외부 세계의 모든 것에 귀를 열고, 자신과 자기를 둘러싼 세상을 이해하게 된다는 것이다. 막혔던 귀를 열고 다른 모든 것들에 대해 경청하게 될 때 비로소 인간다운 삶을 살 수 있다는 말이다.

요즘 사람들은 얼마나 대화할 상대가 없으면 반려동물들과 대화하고 AI와 대화를 한다. 혼자서 마구 떠들면 주위 사람들이 다 떠나니까 이런 사태가 벌어지는 것이다. 물론 피치 못할 사정으로 혼자 사는 인생을 맞이해야 하는 사람들도 있지만, 대부분 혼자 있는 사람들은 자기가 하고 싶은 대로 그렇게 살았던 사람들이다. 다시 주위에 따뜻한 사람들과 함께하고 싶다면 낮은 자세로 다른 사람의 행동과 말에 관심을 가져 보자. 혼자서 행복할 수 있는 사람은 행복의 9할을 포기한 사람이다.

다음으로 우리가 갖추어야 할 '기'는 **'정기(正氣)'**이다. '정기'란 말 그대로 **'바른 기운'**이다. 그런데 여기서 문제 되는 것이 바로 '바르다'라는 단어의 규정이다. 오늘날과 같은 다원주의 사회에서 과연 '바르다'라는 말의 개념이 바르게 쓰이고 있는지 우리는 의심을 품어야 한다. 현대 사회에서는 '바르고 옳다'라는 개념이 완전 분화되어서 그야말로 코에 걸면 코걸이, 귀에 걸면 귀걸이가 되는 처지가 되었다. 이 시대를 사는 사람들은 모두 자기 식으로 '올바른' 것에 대한 골격과 구조를 세우고, 그것을 논하고 그것을 가르치려 들고 있다. 어떤 기준도 정형도 없이 그냥 자기 입맛대로 '틀'을 만들어서 자신을 부추기고 남을 평가한다. 이것이 포스트모더니즘 사회의 다원주의가 갖고 있는 맹점이다. 절대 좌표는 사라지고 모든 것을 자기 위치에서 자기 중심으로 생각하기 때문에 진리도 없고, 그에 따라 옳고 그른 것이 별로 중요하지 않은 시대가 되어 버렸다. 그냥 목소리 크고 힘이 있는 사람이 이기고, 더 센 사람이 나타나면 진리는 바뀐다.

자기 멋에 도취되어 사는 현대인들에게 '바른 기운'을 운운하는 것이 가당한 것인지는 모르겠으나, '바른손'과 '왼손'이 정해져 있듯이 '바르다'라는 개념의 기준과 방향은 정해져 있다. 우선 '바른 기운'은 **남에게 유익을 줄 수 있어야** 한다. 그래서 이 기운이 충만한 사람들은 안으로 내공이 충만하지만 겉으로 드러나지 않고, 티 나지 않게 주위 사람들에게 유익을 건네준다. '정기'를 갖춘 사람은 항상 있는 듯 없는 듯하지만 그 사람이 지나간 곳에는 좋은 흔적만 남고 아름다운 향기만 남는다. 하지만 '사기(邪氣)'를 갖고 있는 사람이 지나간 자리는 항상 분열이 있고, 알력이 있고, 구린내만 남는다.

또한 '정기'를 갖고 있는 사람은 항상 **깨끗하고 긍정적인** 에너지를 발산한다. 이런 사람들의 가장 큰 특징은 사람을 대할 때 항상 웃는다는 것이다. 실없이 웃는 것이 아니라 기분 좋게 환하게 웃는 모습이 아주 자연스러운 사람들이다. 언제나 **편한 눈길**을 **부드러운 말투**와 함께 보여 준다. 아침에 이런 사람을 대하면 하루 종일 기분이 좋다. 그런데 '사기'로 가득 찬 사람은 항상 인생의 고뇌를 혼자 짊어진 듯 인상을 쓰고 다닌다. 누구를 만나도 눈을 흘기고, 아무 말이나 툭툭 내뱉는다. 이런 사람을 마주치면 온종일 기분이 찜찜하다.

우리는 흔히 기질적 차이를 운운하며 '사기'를 갖고 있는 사람이 '정기'를 갖게 되는 것은 힘들다고 하지만 다 핑계다. 그건 자신의 기운을 바꾸기 싫어하는 사람들이 하고 싶은 넋두리에 불과하다. '바른 기운'을 갖추는 것은 자신의 기질이나 성격과 상관이 없다. 노력과 훈련으로 가능하다. 그런데 '사기'로 가득 찬 사람들이 '정기'로 바꾸지 않는 근본적인 이유는 그들이 보기에 '바른 기운'을 갖고 있는 사람들이 매가리가 없고 멋있어 보이지 않기 때문이다. 영화에서처럼 악역을 해야 멋있고 착한 사람 역할을 하면 맹탕으로 보이기 때문에 사람들 특히 남자들은 '바르고 선한 사람'이 되기를 꺼려한다. 그것은 아마도 '힘'이 있어야 멋있게 이 세상의 불의를 해결할 수 있고, 개인의 성취 능력을 발현할 수 있다는 가정에서 출발한 오해일 것이다. 하지만 그렇지 않다. 이 세상에서 가장 멋있는 사람은 '힘'으로 세상을 바로잡는 사람이 아니라, **조용히 티 나지 않게 자신의 에너지로 사람들에게 유익을 주는 사람들**이다. 특히 자신과 가장 밀접한 관계에 있는, 예를 들면 가족이나 친구, 직장 동료에게 유익을 주고, 선한 에너지를 전달하는 사람이 가장 멋이 있고 강력한 힘을 가진 사람이다. 이런 사람들이 진정한 영웅이며 우리가 사는 세상을 살 만하게 가꾸어 주는 사람들이다.

  같이 대화를 나누고 싶고, 같이 밥을 먹고 싶은 그런 '선한 기운'을 타고나는 사람은 매우 드물다. 그렇게 보이는 사람들도 많은 분별과 지혜를 통해서, 그리고 연습과 훈련을 통해서 그런 속성을 인격적으로 장착한 것이다. 이 세상에 '선'하게 태어난 사람은 아무도 없다. 바로 갓 태어난 아기를 보라. 배고프면 울고, 소변이나 대변 보면 울고, 손에 잡히는 대로 입에 집어넣는다. 아기의 행동에서 우리는 어떤 이타심도 찾아보기 힘들다. 우리도 다 이렇게 '바른' 것을 모르고 태어났다. 자라면서 학습하고, 생각하고, 분별하는 것이다. 우리는 누구나 '선하고 바른 기운'을 갖고 있는 멋있는 인격체가 될 수 있다. 그러기 위해서는 많이 생각하고 많이 연습해야 한다. 쉽게 얻어지는 것은 아무 것도 없다. 하지만 타인에게 '선하고 긍정적인 에너지'를 줄 수 있다는 것은 그만큼 가치 있고 인간이 할 수 있는 가장 멋진 일이다.

- 음기와 양기

　음양오행설은 우리 민족의 세계관 형성에 결정적인 역할을 한 하설이다. 초기에는 풍수지리설이나 도참사상에 영향을 주었고, 고려 중기에 받아들인 성리학에 이 사상이 흡수되면서 우리 의식 구조의 근간을 이루는 논리로 자리 잡게 되었다. 특히 음양 사상은 우리 의식주를 비롯한 모든 생활 속에 깊이 뿌리내리고 있으며, 한글의 창제부터 태극기 조성, 그리고 컴퓨터의 2진법까지 이 사상이 기초를 제공하고 있다. 크게 보면 서양철학의 이분법과 정합론도 음양사상의 한 범주라고 볼 수 있다.
　세상의 모든 것들은 음(-)과 양(+)으로 나누어지고, 이것들은 끊임없이 상호 보완을 통해 세계의 질서를 유지한다는 것이 음양오행설의 핵심이다. 남자가 있으면 여자가 있고, 땅이 있으면 하늘이 있고, 차가운 것이 있으면 뜨거운 것이 있다는 논리의 전개이다. 이러한 이분법은 세계를 구조화하는 데 너무 간단한 해결책을 제시하기 때문에 우리 정서에 딱 들어맞았고, 자연스럽게 우리는 모든 것을 상반되는 두 개로 나누어 생각하려는 의식 구조를 모두 갖게 되었다.

서양의 정통 논리학에도 '배중률(排中律)'이라는 중요한 원칙이 있는데 '참과 거짓 중간에 아무것도 올 수 없다'는 뜻이다. '참'이면 '참'이고 '거짓'이면 '거짓'이지 그 중간에 어떤 것이 존재할 수 없고, 두 가지가 공존할 수도 없다는 논리이다. 그러나 이러한 정통 논리학은 퍼지 이론이나 역설 논리를 통해 깨졌고, 무엇보다도 '양자역학'의 원리가 급부상하면서 두 가지의 물질이나 가치가 공존할 수 있다는 가능성이 열리기 시작했다.

그런데 이러한 두 가지가 공존할 수 있다는 **화합과 융화의 개념**은 애초에 음양오행설에 잠재되어 있었다. 《주역》에 보면 "천지의 기운이 서로 **감응합일**하여 만물이 생겨나고 번영하며, 남녀의 정기가 **결합**되어 인간이 **화생**한다."라는 문구가 나온다. 여기에서 짐작할 수 있듯이 세상이 하늘과 땅으로, 남자와 여자로 나눠지는 것은 **두 가지가 합일하기 위한 조건**이라는 것을 의미한다. 그래서 음양오행설에서 음과 양으로 세상을 이분한 이유는 그것들이 결국 화합한다는 것을 암시하기 위한 것이라고 볼 수 있다. 그런데 우리들은 흑백 논리에 빠져서 남성과 여성을 나누고, 여와 야를 나누고 우리 편과 상대편을 편가르기 하려고 한다.

우리 인간관계 중에 음과 양이 만난 가장 전형적인 사례는 부부관계이다. 음과 양이 서로 자석처럼 잡아당겨서 하나를 이루어 살지만,

30년 이상을 다른 환경과 전혀 다른 DNA를 갖고 있는 두 인격체가 서로 만나 하나를 이룬다는 것은 애초에 힘든 과정을 암시하고 있다. 그래서 살면서 많은 어려움을 겪고 서로의 갈등이 심해지면 원래 상태로 음양이 갈라서기도 한다.

그런데 우리가 주위에 부부가 행복하게 잘 사는 쌍을 보면, 그들이 서로 닮아 간다는 것을 볼 수 있다. 삶에 대한 가치관이 닮아 가고, 기호가 비슷해지고, 심지어는 생김새까지 닮아 간다. 이러한 부부의 상태가 가장 음과 양의 조화를 잘 이해한 경지라고 볼 수 있다. 대립적인 음과 양이 만나서 하나가 되려면 서로가 갖고 있는 플러스와 마이너스 기운을 나눠 가져야 서로 희석이 되어 하나가 될 수 있다. 구체적으로 말하면 남편과 아내가 자기 것은 버리고, 상대방 것은 더 받아들이는 노력을 해야 한다는 것이다. 그러면 자연스럽게 부부는 상대방을 이해하게 되고, 아끼게 되고, 하나 됨을 느끼게 된다. 이것이 음과 양의 화합 논리이다.

그런데 꼭 부부관계가 아니더라도 우리는 모든 사람 간의 관계에서 대립 구조를 만들기 좋아한다. 애초에 화합할 생각은 없고 대립되는 상대방의 허점을 찾아 무너뜨리면 모든 것이 해결된다는 정반합적인 논리를 갖고 있다. 그래서 우리 사회는 언제나 갈등과 반목과 질투 속에 허덕이고 있다. 그러나 나와 다른 개체가 있다는 것은, 또 하나의 적이 생겨난 것이 아니라, 합일을 해서 서로 도와주고 보듬어 줄 수 있는 새로운 짝이 존재한다는 것이다. 음기와 양기가 서로 조화를 이루어 이 아름다운 세상이 만들어졌듯이 서로 다른 사람들과 융합과 질서를 이루고 사는 삶은 **이질적인 에너지와 에너지가 만나서 더 나은 창조적인 에너지를 만들어 가는 가장 멋진 작업**이 될 수 있을 것이다. 이것이 우주의 생성 원리이고, 인류의 생활 원리이다. 화생과 조화 속에 가장 아름다운 것들이 깃들어 있다.

자존감 에너지

　우리 각자가 갖고 있는 자존감은 나의 가치를 높이는 것뿐만 아니라 많은 에너지를 만들어 낼 수 있다. 그래서 당연히 자존감이 낮은 사람보다 높은 사람이 양질의 에너지를 더 많이 만들어 낸다. 이 에너지는 원점으로 돌아가 다시 자존감을 높여 주는 기능을 하여, 결국 자존감을 세우는 것이 우리의 바닥난 삶의 에너지를 회복하는 데 큰 도움이 된다. 이 방법을 알아보자.

- 자존감과 자존심

자존감을 키우는 방법을 알아보기 전에 먼저 우리가 흔히 쓰는 '자존심'이라는 단어에 대해서 생각해 볼 필요가 있다. 우리가 일상생활에서 "나 오늘 정말 자존심 상했어." 또는 "내가 그러니까 자존심도 없는 사람인 줄 알아?"와 같이 사용하는 '자존심'이라는 단어는 '자존감'과는 구분되어 사용하는 것이 분명해 보인다.

이렇게 비슷한 두 단어가 다른 뜻으로 사용될 수 있는 이유는 두 말에 공통적으로 들어가는 **'자존'**이라는 단어에 중의(重義)적인 의미가 있기 때문이다. '자존'이라는 단어의 첫 번째 의미는 **'자신을 존중하고 품위를 지킴'**이라는 뜻이 있고, 다른 하나는 **'남에게 굽히지 아니하고 자기를 높이려 함'**이라는 뜻도 있다. 여기에서 앞에 첫 번째 의미로 긍정적인 면을 강조한 것이 '자존감'이고, 두 번째 부정적인 의미로 쓰인 것이 '자존심'이다. 그래서 결론적으로 '자존감'이라는 단어는 우리가 가꾸고 배양해야 할 긍정적인 단어이고, '자존심'은 우리가 버려야 할 부정적인 어휘이다. 그런데 사람들은 이 두 가지를 혼동하고 '자존심'을 지키는 것이 '자존감'을 높이는 것으로 착각하는 사람들이 너무 많다.

한국 사람처럼 자존심이 강한 인격체들도 드물 것 같다. 한국 사람들은 절대로 먼저 '미안하다'라는 말을 안 하며, 만약에 그렇게 해야 할 상황이 있다면 그것을 치욕적으로 받아들인다. 자존심이 꺾이면 자신의 존재 가치가 소멸된다고 생각해서 목숨을 걸고 그것을 지키려고 애를 쓴다. 그렇게 자존심을 세우다가 다른 사람과 충돌이 생기면 그것을 피하는 것도 자존심 문제이기 때문에 어떤 싸움도 불사한다. 이 모든 것이 '자존감'과 '자존심' 그리고 '자부심' 이 세 단어가 마구 혼동되어 사용되고 있기 때문에 발생하는 현상이다.

우리는 '자존심'을 버려야 한다. 그리고 '자존감'과 '자부심'을 높이고 키워 나가야 한다. '자존심'이라는 단어를 자꾸 '자존감'이나 '자부심' 같은 좋은 의미로 연결시키려고 하지 말아야 한다. '자존심'을 지키는 것은 '자존감'과 '자부심'을 높이는 것이 아니라 개인의 전인적 인격 자체를 훼손시키는 가장 유치하고 저급한 행동이다.

알량한 '자존심'을 지키려고 애쓰면 애쓸수록 당신의 '자존감'과 훌륭한 '자부심'은 상실되어 가고 있다는 것을 명심해야 한다. 그런데 옛날 일본의 막부 시절 사무라이들이 남에게 굽히지 않으려고 할복을 하는 장면처럼 필사적으로 '자존심'을 지키려는 사람이 우리 주위에는 너무 많다. 그리고 이런 사람들의 특징은 사소한 일에 목숨을 거는 경우가 많다는 것이다. 아주 작은 일에 자기의 옳음이 증명되지 못하거나, 사소한 일 때문에 자신이 남보다 못하다는 것이 밝혀질 것 같으면 몸서리치면서 자존심을 지키려고 죽을힘을 다해 애를 쓴다.

자존심이 강한 사람들은 겉으로는 강해 보이지만, 그렇게 방어기제를 강하게 발휘하는 것이 반증하듯이 안으로는 더 약하고 여린 사람들이 더 많다. 자신의 정체성이 타인에 의해 무너질까 봐 그리고 자신이 약하다는 사실이 드러날까 봐 두려워서 더욱더 자존심의 성벽을 굳건하게 쌓는 것이다. 이런 사람일수록 '자존심'을 버리고 '자존감' 있는 사람으로 커 나가야 한다. **일생을 두고 인격이 커 나가는 발달 단계를 밟으려 할 때 가장 장애가 되는 요인이 바로 '자존심'이기 때문이다.** 그래서 목이 뻣뻣하고 자존심이 강한 사람은 절대로 인격의 성숙된 단계로 자라날 수가 없다. 그는 남을 배려할 아량도, 남의 실수를 용서할 융통성도, 내가 가진 것을 포기할 용기도 없는 사람이기 때문이다. 자신의 인격을 한 단계 높이고 주위에 많은 사람들과 좋은 관계를 맺고 싶다면 쓸데없는 자존심을 버려라. 그리고 그것을 자존감과 자부심으로 내면 깊은 곳에서부터 바꾸어 나가라.

- 자존감을 키우는 방법

 그럼 이제부터 자존감을 키우는 방법을 구체적으로 알아보자. 첫 번째 자신의 자존감을 높이는 방법은 가장 기초가 되면서도 중요한 것인데 **'자신의 가치를 찾아내는 것'**이다. 조금은 추상적으로 들릴지도 모르지만 자신의 가치를 찾아내고 인정하는 것이 자존감을 높이는 가장 올바른 첫 관문이다. 그럼 자신의 가치를 찾아내려면 어떻게 해야 하는가?
 우선 이것을 위한 전제 조건은 '자기 자신은 남과 다른 인생의 설계자'라는 확신이 필요하다. 우리는 보통 성공한 인물을 롤 모델로 두고 그의 일거수일투족을 흉내 내고 따라 해 본다. 거기서부터 우리의 자존감은 땅으로 떨어지고 만다. 사회적으로 크게 성공한 사람들은 탁월한 재능을 갖추거나 남다른 노력을 한 사람이 분명하기 때문이다. 그래서 이들을 따라가다 보면 자신의 능력을 저주하게 되고 자존감은 한없이 낮아지고 마는 것이다.

내 인생은 확실히 누구의 인생과도 겹치지 않는 독특한 여정을 갖고 있다는 확신이 서야, 비로소 나를 남과 비교하지 않으면서 나만의 가치를 찾아낼 수 있다. 사람은 비교의 동물이라 비교를 안 하면서 살 수는 없지만, 비교를 하면 할수록 자존심만 상하게 되고 수습할 수 없는 지경에까지 자존감은 추락한다.

우리는 누구나 자기만의 것이 있다. 그리고 다른 누구보다 자기가 잘하는 것이 하나 이상 존재한다. 그것이 없다는 사람은 아직 발견을 못 했을 뿐이다. 무조건 한 사람의 정체성 안에는 남들이 따라오지 못하는 강점과 재능이 있다. 그런데 수업 시간에 학생들에게 자신의 장점을 생각나는 대로 많이 써 보라고 시키면, 허세가 심한 아이들을 제외하고, 여러 개의 장점을 적어 내려가는 학생들은 참 드물다. 우리는 우리를 사랑하는 연습이 안 되어 있기 때문에 이런 일이 벌어진다. 여기서 우리는 건강한 나르시시즘을 발동시켜야 한다.

흔히 다른 사람들을 사랑하려고 애쓰는 사람들 중 자기 자신에게는 엄격한 잣대를 들이대고 자신을 폄하하는 사람들이 의외로 많다. 우리는 우리 자신을 사랑하려고 노력하고 연습해야 한다. 나의 생김새, 성격, 습관 같은 것들을 일일이 사랑한다고 자기 자신에게 최면을 거는 것이다. 그렇게 나를 사랑하는 마음을 가지고 나만의 것을 성취하고 가꾸어 나가면 우리는 누구와 비교할 필요도 없고, 다른 사람의 인생을 구걸할 필요도 없다.

그래서 **건강한 나르시시즘이 확립된 사람**은 어설픈 자기애에 빠진 사람과는 구별된다. 우리 주변에는 아무도 인정해 주지 않는데 자기 사랑에 도취되어서 살아가는 사람을 흔히 볼 수 있다. 이렇게 공주병 같은 것을 앓고 있는 사람과 건강한 나르시시즘을 갖고 있는 사람과의 차이는 얼마나 남의 시선을 인정하느냐 하지 못하느냐의 차이다. 건전한 나르시시즘을 갖춘 사람은 끊임없이 주위의 시선을 인지하고 평가할 줄 안다. 옆에 있는 사람들과 계속 소통을 하면서 그들의 피드백에도 관심을 갖고, 나 자신도 계속 내부적으로 피드백을 하면서 남과 공존하면서 나를 사랑하는 법을 터득하게 된다. 이런 사람들이 진정한 자기애를 성취한 사람들이고, 자존감을 높일 수 있는 기반을 마련한 사람들이다.

두 번째 자존감을 높이는 방법은 앞에서 걱정 에너지를 다룰 때 강조한 것처럼 과거나 미래보다 **'현재'에 집중**하라는 것이다. 현실에 집중할 때 우리의 자존감은 탄탄해지고 굳건해진다. 자존감이 뛰어난 사람들의 공통적인 특성이 마치 과거와 미래가 없는 사람처럼 현실에만 집중한다는 것이다. 과거의 괴로움과 미래의 불안함을 떨쳐 내고 현재에 올인하면, 잡념도 없어지고, 놀라운 추진력을 발휘할 수 있으며, 그러한 추진력이 다시 일에 집중하게 만드는 선순환을 일으킨다. 반대로 자존감이 낮은 사람은 과거나 미래에 집착하게 되고, 그것은 현실의 문제 해결과 겉도는 악순환을 거듭하게 만든다. 문제 해결의 좌표는 항상 현재에 있고, 문제를 해결하지 않고는 자존감을 높이기 어렵기 때문에 현실에 집중하는 것이 자존감을 키우는 중요한 역할을 한다.

  셋째로 자존감이 낮은 사람들은 판단력이나 결정력이 부족한 사람들이 많다. 자기 자신이 무엇인가 선택하고 결정하는 것을 어려워하고 두려워하는 사람들은 가스라이팅의 표적이 되기도 쉽지만, 나중에는 자기 확신도 부족해지고 자신의 결정에 항상 자신이 없는 태도를 취한다. 이런 사람들은 자신의 판단이나 결정이 남에게 피해를 주지 않을까 하는 두려움 때문에 이러한 습관에 빠지는 경우가 대부분이다. 처음에는 배려하는 마음에 선택을 양보했는데 그것이 버릇이 되고 나중에는 모든 것을 자신이 결정하면 안 되는 것 같은, 남들이 내려 주는 결정이 좀 더 정확하고, 의미 있는 것이라는 생각까지 하게 된다. 그러나 이렇게 결정력이 부족한 사람도 고쳐 나갈 수 있다. **아주 사소한 일부터 결정하는 연습을 해 나가고 결정한 결과에 대해서는 담담해지는 연습을 하면 된다.** 이러한 부류의 사람들이 가장 두려워하는 것이 결과가 실패로 돌아오는 것이다. 그래서 처음에는 실패해도 치명적인 결과가 일어나지 않는 작은 일부터 하나하나 연습을 해 나가면 된다. 그러면서 마음속으로는 '나중에는 더 잘하면 되지, 뭐' 이렇게 다짐하면서 결정의 폭을 넓혀 가면 된다. 이렇게 **스스로 결정하고 자신의 결정을 존중**하는 능력을 쌓아 가면 자연스럽게 우리들의 자존감은 부상할 것이다.

  네 번째 자존감을 높이는 방법은 자신의 생각과 행동에 **'의미'를 부**

여하는 것이다. 이것은 자존감이 낮은 사람뿐만 아니라 자존감이 어느 정도 높은 사람들도 더 끌어올릴 수 있는 아주 바람직한 방법이다. 자존감이 낮다는 것은 자신에 대한 확신과 신뢰가 낮다는 것이고, 자신에 대한 믿음이 부족한 것은 자신에 대한 모든 것에 대해 의미를 부여하지 않은 결과로 나타나는 것이 대부분이다. 그냥 아침에 일어나서 루틴대로 하던 일에 의미를 부여하기 시작하면 자존감을 높이는 정도가 아니라 삶의 전반적인 질도 향상시킬 수 있다. 예를 들어 버스를 타고 회사에 갈 때도 내가 열심히 이 버스를 이용해서 버스 기사 아저씨들에게 급여를 줄 수 있다고 생각하고, 만약에 걸어서 출근하는 사람이라면 내가 하는 행동이 환경오염을 일으키지 않고, 더불어서 건강에도 도움이 될 수 있다고 의미를 부여하는 것이다. 이런 식으로 하면 모든 행동과 사고에 의미를 부여할 수 있고, 의미 부여하는 일들이 많아질수록 자존감은 계속 올라갈 것이다. 이런 습관을 들이면 그냥 스쳐 갔던 자신의 일상들이 하나하나 의미 있는 것으로 다가오기 시작하고, 매사에 만족감과 자신감이 넘치는 생활을 영위할 수 있다.

 이렇게 생활에 의미를 찾아 주는 방법은 자존감 향상뿐만 아니라 우리가 살아가면서 불가피하게 마주해야 하는 여러 가지 **고통 상황에서도 좋은 효과를 보여 줄 수 있다.** 예를 들어 아내의 갑작스런 죽음 후에 우울증을 앓고 있는 환자에게 담당 의사는 이런 식으로 의미 부여를 해 주었다. "만약 당신이 먼저 죽고, 당신의 아내가 이 고통을 감수해야 한다면 어떻게 살아가야 했을지 한번 생각해 보세요." 이

이야기를 들은 환자는 자기가 아내 대신 힘든 상황을 이겨 내고 있다고 의미를 부여했고 곧이어 우울증이 사라졌다고 한다. 이렇게 우리 삶 속에 의미를 찾아가는 것은 정신 건강에도 아주 좋고 우리 삶의 질을 현격하게 올려 줄 수 있다.

마지막으로 자존감을 높이는 방법은 내 안에 **또 하나의 자아를 만드는 것**이다. 이 새로운 자아의 역할은 끊임없이 자기 **자신을 독려하고, 인정하고, 때로는 질책하는 잔소리도 하는 것**이다. 이러한 내 내면에 또 다른 내가 나와 항상 대화하고 나를 격려하면서 나의 자존감은 자라나게 된다. 우리는 사랑하는 대상에게 끊임없는 관심과 배려와 대화를 지속하지만, 정작 나 자신에게는 별로 관심이 없다. 그래서 정말로 내가 신뢰할 수 있고, 나만을 위해서 아낌없이 베풀어 줄 새로운 자아를 친구처럼 내 곁에 두는 것이다. 그리고 그 친구랑 계속 대화하면서 위로를 받고 확신을 얻고 그리고 자존감을 높여 가는 것이다. 예를 들어 나 자신에게 "잘했어. 괜찮아. 운동 좀 더 해. 맛있는 거 먹어 볼까?"라고 대화하면서 자연스럽게 나의 가치는 높아지게 되고, 여러 가지 피해 의식이나 패배 의식도 없앨 수 있다.

지금까지 자존감을 높이는 여러 방법을 강구해 보았는데, 실제로 자신이 자존감이 낮다고 생각하는 독자는 머릿속으로만 이해하려고 하지 말고, 한 가지 방법이라도 생활 속에 적용하도록 노력해 보자. 자기 자신의 자존감을 높이는 것이야말로 우리 인생의 험한 파도를 헤쳐 나갈 가장 기본적인 체력을 키우는 것이다.

- 민망함의 미학

우리는 살다가 너무나도 민망한 일을 많이 하기도 하고, 또 당하기도 한다. 나 스스로도 인정할 수 없는 굴욕적인 일을 내가 다른 사람에게 당당히 하는 경우도 많으며, 모욕적인 일을 타인으로부터 당한 뼈아픈 경험도 모두 갖고 있다.

그런데 우리는 이상하게도 항상 자신이 남에게 한 실수에는 관대하며, 남이 나를 민망하게 만든 일에 대해서는 평생을 기억하고 칼을 갈며 산다. 내가 남들에게 모욕을 준 건 피치 못할 상황이 그렇게 만든 것이며, 남이 나에게 준 굴욕감은 그 사람의 성정이 못되고 못나서 그런 것이라고 생각한다. 사람들이 자연스럽게 이러한 판단을 하는 것은 여러 가지 요인이 있지만, 못된 그 '자존심'이 큰 역할을 한다. 자존심이 강한 사람들은 유난히 자신의 과실을 인정하기 싫어하며, 남의 실수에 대해서는 집요하게 물고 늘어진다. 그런데 이런 사람들은 보통 자기 고집이 매우 강한 사람들이 대부분이기 때문에 자신의 깨우침이 없는 것은 물론이고, 남들이 조언을 해 줘도 귀에 담지 않는다는 것이다.

어린 아이들은 손에 과자를 들고도 엄마에게 "나는 과자 안 먹었어."라고 말한다. 어려서 그렇다. 시야가 좁고 머리가 영글지 않아서 그냥 그 순간을 모면하면서 살아가는 게 어린 아이의 특성이다. 그런데 자존심이 강한 사람들은 정확하게 이런 어린아이 수준에 인격이 머물러 있는 것이다. 그냥 모든 걸 어린아이들처럼 자기중심적으로 판단하고 이기적으로 결정한다. 이렇게 유아기 또는 아동기에 고착된 것 같은 사람들이 우리 주위에는 아직도 많다. 사회적 이슈가 되었던 교권 침해 문제를 일으킨 몰지각한 학부모들도 이 부류에 속한다고 보면 된다.

반면에 '자존심'을 떨쳐 버리고 '자존감'으로 무장한 사람들은 자기 자신의 실수에 대해서 시도 때도 없이 민망해하지만 타인이 자기에게 준 굴욕감에는 크게 연연하지 않고 반성의 기회로 삼는다. 우리는 민망해할 줄 알아야 한다. '왜 내가 그런 실수를 했을까?' 그리고 '왜 내가 그때 그렇게 굴욕을 이기지 못해 화를 냈는가?' 하고 끊임없이 우리는 과거를 되새겨야 한다. 그리고 무엇보다도 가장 중요한 것은 **과거를 어루만지는 것으로만 끝나면 안 되고, 그런 민망한 일들이 앞으로는 안 생기도록, 아니 덜 생기도록 노력해야 한다.** 그리고 나이가 들면서 민망함을 주고받는 일들이 줄어드는 것을 확인하면서 살아가야 한다. 이것이 바로 나이를 먹는다는 증거이고, 나이를 먹는 아름다움이다.

- 자존감이 주는 긍정 에너지

자존감이 강한 사람일수록 에너지를 더 많이 만들어 내고, 그에 따라 그렇지 않은 사람들보다 훨씬 건강하다는 연구 결과가 계속해서 나오고 있다. 자존감을 세우는 것이 우리 정신과 육체 건강에 필수적이라는 것을 부인할 수 없는 지점까지 온 것이 분명해 보인다.

그런데 '자존감'의 '自尊'을 '自存'으로 여기는 사람들이 의외로 많다. 동음이의어이기 때문에 사람들이 착각하는 것이기도 하지만, 여렸을 적부터 '자신을 존중하라'는 얘기보다는 '독립심을 키워라'라는 말을 더 많이 들으면서 자랐기 때문에 자연스럽게 이렇게 생각하는 사람들이 많은 것 같다. 여기에 요즘 '존재감'이라는 단어를 많이 사용하면서 '자존'이라는 단어를 더욱더 '自存' 쪽으로 해석하는 사람들이 늘어나고 있다. 이러한 이유로 사람들은 '자존감'을 키운다는 말을 남들과 다른 나를 강조하고, 독립적인 나를 만드는 것이라고 생각하는 오류를 범한다.

자존감이 강한 사람들, 다시 말해서 자기를 존중할 줄 아는 사람들은 자존 능력이 뛰어난 경우가 대부분이지만, **자신의 가치를 독립적으로 자신의 존재나 내부에서 찾으려고 하기보다는 남들과의 관계에서 찾으려고 한다.** 그래서 자존감이 높은 사람들은 지속적으로 사람들을 만나려고 애쓰고, 사람들과 소통하는 가운데 자신을 존중하는 것처럼 타인을 존중하며, 항상 타인에게 헌신적인 태도를 보인다. 그래서 종국적으로 이들은 교류하는 모든 사람들에게 긍정적인 영향을 끼치는 사람들이다. 자신이 속한 모든 관계 속에서 타인들에게 항상 긍정적인 에너지를 이끌며, 직간접적으로 선한 영향력을 행사한다.

그래서 자신의 가치를 존중하고 돌볼 줄 아는 사람들은 자기 자신에게도 신선한 에너지를 계속 충전하지만, 동시에 모든 인간관계 속에서도 타인들에게 맑고 가치 있는 에너지를 선사한다. 이것이 자존감을 높인 사람들의 진정한 위상이다. 그들은 모든 관계와 모임에서 중심에 서서 리더의 역할을 하며, 다른 사람들의 롤 모델이 되기도 한다. 자기를 존중하는 마음으로 항상 남을 배려하기 때문에 모든 사람들이 가까이 하기를 원하고 그 에너지를 함께 공유하고 싶어 한다.

이렇게 다른 사람들과의 관계 속에서 자신의 가치를 찾고 인생의 의미를 부여하는 진정한 자존감을 내재화시킨 사람들은 자신의 경험을 의미 있는 것들로 재구성하는 능력을 자연스럽게 갖추게 된다. 그리고 자신의 삶에 대한 성찰을 통한 가치들이 다른 사람들의 정체성 안에서도 실현되게 만드는 능력까지 더불어 장착하게 되는 것이다. 이렇게 나와 다른 사람의 가치를 같이 찾고 실현하는 일련의 과정들이 우리의 자존감을 바로 세우는 기틀이 되고, 우리를 우리답게 만드는 근본 에너지가 된다.

- 진정한 자존심 살리기

예전에 어떤 목사님이 청량리 빈민가에 아무나 가져가라고 연탄을 쌓아 놨다고 한다. 그런데 한낮에 태양이 뜨고 지도록 아무도 가져가지 않았다고 한다. 그때 옆에서 귀띔해 주는 말이 낮이라서 그러니 다시 치웠다가 밤에 갖다 놓으면 달라질 것이라고 했다. 그 조언자의 말대로 연탄을 밤에 다시 갖다 놓으니 삽시간에 그것이 모두 사라졌다고 한다. 자본주의 사회에서 물질적으로 결핍한 사람들의 자존심이 풍족한 사람들보다 더 강하다. 그래서 있는 사람들이 없는 사람들을 도울 때 그들의 자존심을 건드리지 않게 극단적으로 조심해야 한다. 누군가를 도와주고 싶다면 주는 사람 입장에서 생각하면 안 되고, 받는 사람 입장에서 배려하고 또 배려해야 한다. 그렇지 않으면 주고받는 것을 하지 않는 것이 낫다.

자존심이라는 단어 자체가 타인과의 관계에서 나온 개념이기 때문에 **자존심을 살리기 위해서는 다른 사람과의 관계를 고려하는 것이 가장 중요하다.** 자신의 자존심을 지키기 위해서 상대방의 자존심을 해치지는 않았는지, 내가 자존심을 조금 굽혀서 다른 사람의 자존심을 살려 주면 서로의 관계가 회복될 수 있는 건지 하는 맥락과 정황 속에서 자존심을 살리고 죽이고 해야 하는 것이다. 또한 사람들이 만나는 모든 상황마다 서로 필요한 것이 있고 줄 것이 있다. **자신이 필요한 것을 흔쾌히 받고, 상대방이 필요한 것을 정성 들여 도와주는 사람들이 진정으로 '자존심'이 강한 사람들이다.**

'자존감'이 강한 사람들은 항상 잘 받고 잘 주고, 상대방을 살피면서 자신의 '자존심'을 잘 살리는 사람들이다. 다른 사람들이 필요한 것을 티 나지 않게 도와주고, 남들이 자신에게 주는 도움을 감사함으로 받아들이는 사람들이 진정으로 자존심이 가장 강한 사람들이다. 이런 자존심을 세울 줄 아는 사람이 되어야 한다. 겸손하고도 따뜻한 자존심을.

"내가 이 세상에서 가장 밑바닥이라는 것을 알기 전에는 겸손을 배울 수가 없다.
내 뻣뻣한 목덜미는 **오늘** 우리 집에 나를 비춰 볼 거울이 없기 때문이다."

조화의 에너지

우리를 품고 있는 자연은 정말 조화로움 그 자체이고, 그에 못지않게 우리 인간(유기체)도 기가 막힐 정도로 조화롭게 이루어져 있다. 그래서 조화로움은 항상 우리에게 충만하고 완성된 에너지를 전해 준다. 조화와 질서 속에 살아갈 때 우리는 생동감과 살아 있는 에너지를 느끼며, 반대로 부조화와 무질서 속에서 우리의 에너지는 파편화되고 그 능력을 발휘하지 못한다. 조화로움이 주는 에너지에 대해 자세히 살펴보자.

- 황금 비율

애플이라는 미국 컴퓨터 회사의 로고를 보면 한 입 베어 먹은 사과 모양을 하고 있다. 누가 보아도 안정감 있어 보이는 이 그림은 애초에 디자이너가 모양을 완성할 때 수학적 계산을 하고 만든 것이 아니라 가장 자연스럽고 균형이 맞는 비율로 그린 것이다. 나중에 수학자들이 계산해 보니 정확하게 황금 비율로 그려진 것이라는 사실이 밝혀졌다.

아티스트들은 아름다움을 추구한다. 그래서 그 결과로 나온 작품들을 바라보면 마음이 편안해지고, 맑은 쾌감이 느껴진다. 모나리자처럼 완벽한 황금 비율로 그려진 대가의 작품을 보면 몰입의 차원을 넘어 경탄의 경지에까지 이르게 된다. 그 이유는 무엇일까?

아름다움과 추함에 대한 정확하고 보편적인 판단 기준이 인간에게 내재되어 있는지 아닌지에 대한 논란은 계속되고 있지만, 중요한 것은 모든 인간은 조화를 추구한다는 사실이다. 습관처럼 우리는 주변을 조화롭게 꾸미려고 애쓰고 있다. 자기 방을 어지럽게 방치하는 사람들조차도 그들 나름대로 그곳에 조화와 질서가 존재해서 다른 누군가가 자기 방을 청소해 놓으면 상당한 불편함을 느낀다. 우리 인간은 미적 기준이 달라서 자신의 이상형이 제각기 다를 수는 있어도, 누구나 자신만이 선호하는 기준을 만들고 그 안에 질서를 부여하고, 편안함을 얻는다.

질서는 우리에게 안정감을 주고 어떤 방법으로든 의미를 부여한다. 그래서 질서와 조화는 우리들에게 삶을 영위할 수 있는 가장 근본적인 에너지를 제공한다. 질서를 강조하면 어떤 이들은 너무 딱딱하고 경직된 것들이 생각난다고 한다. 예를 들어 군대 조직이라든가 교통질서처럼 지키기 까다롭고 귀찮은 것들이 연상되기도 한다. 그래서 최소한의 질서 또는 무질서 속의 질서를 이상적으로 생각하는 사람들도 많다. 그러나 이렇게 주장하는 사람들도 자기 자식 특히 여자아이가 법과 질서가 없는 세계에 방치되는 상상을 하고 싶지는 않을 것이다.

조화와 질서가 보장된 사회에서 산다는 것은 우리가 사회적인 욕구를 실천하기 위한 기본적인 생리적 욕구가 충족되어 있다는 것과 같은 맥락이다. 반대로 무질서와 혼돈의 세계에 산다는 것은 단 한 순간도 인간다움을 실현할 수 있는 기초적인 장이 제공되지 못하는 상황을 말한다. 그래서 인간은 조화와 질서가 존재하지 않는 삶의 영역에서는 어떤 가치 있는 삶도 만들어 낼 수가 없다. 예전의 머리 좋은 석학들이 이상적인 조화와 비례를 찾아내려고 애쓴 이유도 이것 때문이었을 것이다.

이렇게 우리가 조화와 질서, 비례에 관심을 갖는 가장 원초적인 이유는 우리의 몸과 세상이 애초에 그렇게 만들어졌기 때문이다. 자신의 미술 작품에서 완벽한 황금 비율을 구현했던 레오나르도 다빈치는 그 완벽한 비율을 사람의 인체를 연구하면서 알아냈다. 사람의 인체가 정확한 황금 비율을 이루고 있다는 것을 발견한 뒤 그의 작품들에 그것을 적용했고, 그 결과로 아름다운 그의 작품들이 이 세상에 태어나게 되었다.

　우리를 둘러싼 자연 생태계의 조화로움에 대해 한번 생각해 보라. 끊임없이 인간들은 생태계를 파괴하려고 애쓰고 있지만, 자연은 그것보다 더 큰 에너지로 모든 것을 다시 복원하고 있다. 과학을 신뢰하는 사람들은 인간이 자연에게 새로운 질서를 부여할 수 있다고, 동시에 더 조화로운 삶을 살 수 있다고 공약을 해 왔다. 그러나 그 약속은 틀렸다는 것을 그들 스스로 이제는 인정하고 있다. 인간이 자연에게 할 수 있는 것은 아무것도 없다. 그냥 놔두면 자연은 질서와 조화의 상태로 다시 복원할 수 있는 무한한 힘을 갖고 있다.

　자연은 가장 완벽한 질서를 갖고 있으며, 그 질서와 조화로움은 인간의 손이 가장 덜 탈 때 절정에 이른다. 산을 깎아 골프장을 만들 수도 있고, 에너지 수급을 위해 원자력 발전소를 세울 수도 있으며, 주민들의 생존을 위해 강을 막고 보를 설치할 수도 있다. 모두 다 같이 잘 살자고 하는 노력의 일환인 줄 잘 알고 있다. 하지만 이제는 조금은 주위를 둘러볼 때가 되었다. 인간을 위한 그런 행동이 인간에게 어떤 해악을 주고 있는지.

　인간이 지금까지 가장 사랑한 금속 '황금', 그 묘연한 빛깔만큼이나 그 가치도 계속 치솟고 있다. 하지만 우리 몸과 우리가 사는 환경이 '황금'보다도 더 가치가 있는 '황금 비율'을 갖고 있다는 것을 잊어서는 안 된다. 그 비율이 몇 대 몇인지 정확하게 알 필요는 없다. 다만 **우리와 우리를 둘러싼 모든 것들이 정확한 비율로 조화롭게 이루어져 있으며, 그것을 깨면 불편함이 수반되고, 불편함은 다시 어두운 불안감**

을 수반하게 되어서 결국 그 불안은 우리를 공포로 이끈다는 것을 인지하는 것이 중요하다. 다시 말해서 조화와 질서, 균형이 없는 세상에 산다는 것은 물고기가 자기 취향대로 물을 떠나 살고자 하는 의지를 밝히는 것과 다르지 않다. 지금 지구촌 곳곳이 질서와 균형을 파괴한 대가를 어떻게 치르고 있는지 우리는 목도하고 있다. 세상의 모든 것은 팽팽한 균형감과 정확한 질서를 갖고 만들어졌다. 그것을 지키고 회복하는 것 외에 우리가 할 수 있는 대안은 존재하지 않는다.

- 권위 에너지와 질서

물체가 바닥 표면을 떠나 위로 올라가면 중력의 영향으로 계속해서 '위치 에너지'가 모인다. 이러한 자연현상처럼 우리 인간의 포지션도 위로 올라갈수록 에너지가 자연스럽게 모이고 강해진다. 필자는 이것을 '권위 에너지'라고 부른다. 이 권위 에너지는 사회적인 제도나 관습 안에서 암묵적으로 승인되고 허용된 것이다.

예전에는 신권과 왕권이 가장 강력한 권위 에너지를 행사했지만, 현대에 허용되는 권위는 적법한 절차를 통해서 부여된 통치권이나 의결권을 제외하면, **학교에서 교권**, 그리고 **가정에서 부권** 정도가 권위의 상징으로 우리 곁에 남아 있다. 그렇다면 우리에게 교권과 부권 에너지는 얼마나 남아 있고, 어떻게 행사되고 있는가?

아쉽게도 현재 학교에서의 교권 에너지는 거의 제로 상태이다. 고등학교 수업 시간에 학생이 라면을 먹으면서 실시간 방송을 해도 선생님이 제재할 수가 없고, 아이가 다른 아이에게 폭력을 행사하는 것을 목격해도 훈육을 할 수 없다. 그래서 선생님들은 선택의 폭을 자꾸 좁혀 나갈 수밖에 없다.

가정은 또 어떠한가? 부권을 행사해야 하는 아버지가 자식과 친구가 되어 같이 어울린다. 그러면서 자신들은 자상한 아빠라고 자랑스럽게 얘기한다. 때로는 아버지가 자식의 친구가 되어 같이 놀이도 하고 게임도 하고 운동도 하는 것은 참 좋은 것이다. 그런데 그것만 하는 것이 문제이다. 친한 친구끼리도 다른 친구가 잘못하면 훈계를 하는데, 요즘 아버지들은 그냥 다 받아 준다. 자식이 너무 사랑스러워서.

교권의 붕괴와 참혹한 선생님들의 현실 때문에 국회와 교육청에서 관련법을 제정하려고 애쓰고 있다. 그런데 가장 중요한 근본 원인을 위한 대책에는 아무도 관심이 없다. 학교가 이렇게 무너진 근본적인 원인은 선생님과 아이들 또는 교육 담당 부서의 잘못이 아니다. 모든 원인은 아이들의 가정교육 문제이다. 이것이 개선되지 않고는 모든 입안과 제도가 미봉책이고 결국 헛수고가 될 것이다.

가정에서 부권 에너지가 회복되고 바른 가르침이 이루어지면, 학교 문제를 포함해서 사회의 모든 범죄조차도 거의 모두 해결되고 방지할 수 있다. 그리고 무엇보다도 집안에 '금쪽이'를 키우면서 행복하고 건강한 가정은 없다. **때로는 엄격하게, 때로는 가장 따뜻하고 자**

상한 태도로 부모가 아이들을 올바르게 가르치면 그 가정의 **'질서'**가 바로잡히고 **'행복'**이라는 단어가 조금씩 집안으로 밀려들어 온다. 그래서 가정 행복의 시작은 자녀 교육에서 시작되며, 우리 사회의 행복과 안정 역시 여기서 출발한다.

그리고 세상의 모든 권위는 위에 있을 때 만들어지지만, 권위의 본질은 아래로부터 올라오는 것이다. 밑에서 위를 향한 경외심과 애정이 쌓이는 것을 권위라고 한다. 부모 여러분들이 **아이들을 가정에서 사랑으로 잘 훈육하면 할수록 부모의 권위 에너지는 더욱 커지며, 아이들은 더욱 당신을 존경하고 사랑할 것이라는 것을 명심해야 한다.**

- 순응과 조화

예전에 우리 한옥의 지붕은 저 뒷동산의 곡선을 그대로 옮긴 듯이 따라 만들었다. 궁궐만 보더라도 우리 창덕궁은 중국의 자금성에 비하면 그것의 화장실 정도로 보이는 소박한 규모의 건물이다. 하지만 자금성은 현대에 다시 똑같이 복원할 수 있지만 창덕궁은 그럴 수 없다고 한다. 왜냐하면 우리나라 건물은 자연과의 조화 속에 지어졌기 때문에, 자연의 모습이 바뀐 지금 똑같은 모습으로 복원하기는 불가능하다는 이야기이다.

우리 민족은 건물뿐만 아니라 삶 자체가 자연과 조화를 이루는 삶을 추구했다. 자연 자체가 조화롭고, 인간 본연이 조화롭기 때문에 두 가지 조화의 주체가 모여 더욱 세련된 조화의 극치를 추구하는 삶을 살았던 것이다. 물이 위에서 아래로 떨어지는 것을 보고 상하의 질서를 배우고, 동시에 물이 아래로 모이는 것을 보고 겸손을 배운다. 가을에 떨어지는 낙엽을 보며 희생을 배우고, 흰 눈이 내린 대지를 보고 동정을 배우며, 한여름 폭염을 이겨 내는 생물체들을 보며 인내를 배운다. 그래서 **자연에 순종하는 것은 굴욕도 아니며 의존도 아니다.** 자연을 배우는 것은 버스에 함께 탄 다른 승객들을 배려하는 것과 같은 것이며, 내 삶의 의미를 주위에 사랑하는 대상에서 찾으려고 애쓰는 것과 본질적으로 유사한 것이다.

자연을 통해서 우리가 배우는 또 다른 한 가지는 자연물에는 대칭적인 것이 별로 없다는 것이다. 자연적으로 이루어진 것 중에 정확하게 대칭을 이루는 것은 하나도 없다. 그런데 사람들은 대칭적인 것을 추구하고 그것을 더 편하게 생각한다. 이렇게 우리 주변에 보이는 모든 인공물들이 대칭적이라고 생각하는 것은 아마도 우리 모두가 서양의 대칭적인 건물에 익숙해져 있기 때문이다. 하지만 우리 몸도 자세히 보면 완전 대칭이 아니다. 우리 왼쪽 눈과 오른쪽 눈을 사진 찍어 비교해 보면 완전히 겹치는 사람은 아무도 없다. 그래서 우리 선조들이 만들어 낸 건축물이나 예술 작품들을 보면 전체적으로는 대칭적으로 보이는 것들도 부분적으로 비대칭적인 아름다움을 조금씩 품고 있다. 이것이 자연과 삶을 이해한 우리 민족의 수준이고 품격이다. **우리가 조화를 이루고 균형을 이룰 수 있는 것은 바로 서로 조금**

씩 다르기 때문이다. 서로 다름과 차이를 간파하고 인정한 우리 조상들의 지혜는 조화와 질서의 의미를 가장 본질적으로 파악한 가장 철학적이면서도 가장 과학적인 관념의 쾌거라고 볼 수 있다.

- 차이가 만드는 조화

 여럿이서 모여 노래하는 중창이나 합창은 혼자서 노래하는 독창과 비교해 볼 때, 음이 두 가지 이상이 섞여 있다는 물리적인 차이를 뛰어넘어 질적인 차이를 느끼게 한다. 여러 사람이 모여 노래할 때는 다른 음색, 다른 음정으로 각자 노래하지만 그것들이 뭉쳐져서 소리를 낼 때는 독창과는 비교할 수 없는 깊이 있고 아름다운 소리로 들린다. 우리는 이것을 '화음'이라고 한다. '화음(和音)'이 아름답게 들리는 이유는 그것이 '조화로운 음악'이기 때문이다. 어떻게 이처럼 다른 음들이 모여 더 아름다운 음을 만들어 낼 수 있을까? 이것이 바로 조화의 신비이고 경이로움이다.
 예전에 어떤 제자가 "세상에서 제일 무서운 게 뭐냐?"라고 필자에게 물은 적이 있다. 나는 서슴지 않고 '집사람'이라고 대답했다. 그런데 어떤 학자는 같은 질문에 대해 **'하나밖에 모르는 사람'이 이 세상에서 가장 무섭다**고 대답했다. 정말 공감이 가는 말이다. 이 세상에서 제일 무서운 사람은 하나밖에 모르는 사람이 맞다. 자기밖에 모르고, 자기가 생각하는 것밖에 모르고, 자기가 할 수 있는 것밖에 모르는 사람이 제일 무서운 사람이다. 이런 사람이 부지런함과 실천력까지 무장한다면 더 무서운 사람이 된다.

그래서 하나만 아는 사람은 스스로를 종종 '○○주의'에 매몰시키는 우를 범할 때가 많다. 이렇게 '○○주의'에 자신을 가두어 버리는 사람들의 머릿속에 기본적인 가정은 '나는 맞고 너는 틀리다'라는 신념이 깔려 있다. 그래서 자꾸 흑백 논리로 판단하려고 하고, 진위와 우열을 가리자고 한다. 이러한 이유로 이런 사람들 주위에는 갈등이 끊이지 않는다. 하지만 한 가지에 빠진 사람들은 이러한 갈등을 당연시 여긴다. 왜냐하면 나는 맞고 다른 사람들은 틀리기 때문이다.

조금 논지를 바꾸어서 이 세상의 진리에 대해 생각해 보자. 우리 인간이 진리라고 규정할 수 있는 것들은 몇 개나 될까? 문화인류학자들이 인류의 보편성을 찾아 많은 연구를 행하고 있지만 보편적 진리를 추출하는 데 상당한 어려움을 겪고 있다. 예를 들어 우리는 가족이나 지인이 죽었을 때 슬퍼하고 애도하는 의식을 행하는 것이 보편적일 것이라고 생각하지만, 의외로 주위 사람의 죽음을 기뻐하는 부족들이 많다. 장례 풍습이 다른 정도가 아니라 그들은 다른 사람들의 죽음을 진정으로 기뻐한다. 반대로 우리는 아이를 출산하는 것에 대해 모두가 기쁨으로 맞이할 것으로 생각하지만 어떤 부족은 아이의 탄생을 가장 슬픈 날로 기억한다. 이렇듯 우리가 보편적일 거라고 생각하는 많은 것들이 상대적이다. 그래서 우리 주위에는 '진리'라는 것이 몇 가지 없다. '생물은 반드시 죽는다' 정도. 그런데 사람들은 자신의 생각과 행동이 '진리'라고 믿고 또 그것을 타인에게 강요한다. 이것이 얼마나 어리석은 일인지 자명한 일인데도 불구하고 아직도 자신만이 옳다고 주장하는 사람들로 우리 사회는 병을 앓고 있다.

필연적으로 이러한 성향을 가진 사람들은 자신의 선택과 신념이 장애가 되어 사고와 행동의 폭을 제한함은 물론이고 사회적 관계를 형성할 때도 치명적인 독으로 작용한다. 자신의 아집 때문에 운신의 폭이 좁아지고 관념이 협소해지는 것은 할 수 없지만, 이런 사람들도 최소한의 사회적 관계를 만들고 유지하기 때문에 그 문제가 심각하다. 물론 누구나 자신의 의견을 주장하고 신념을 표현하고 싶은 욕구가 있다. 그것 자체가 잘못된 것이 아니라 자기주장이 강한 사람들이 종국적으로는 주위의 사람들을 아프게 하고, 힘들게 하고, 떠나가게 한다는 것이다.

이렇게 하나밖에 모르고, 혼자서 모든 것을 해결할 수 있다고 믿는 사람들이 많을수록 세상은 불안과 공포에 숨 막히는 공간이 되어 버린다. 왜냐하면 이렇게 하나에 몰입하는 사람들은 대부분 자기중심적이며 자기애가 강한 사람이기 때문에 자기밖에 모르고, 온 세상이 자기를 중심으로 맞춰지지 않으면 극도로 불안해하기 때문이다. 그리고 그 불안을 없애기 위해 무엇이든 서슴지 않고 할 수 있기 때문에 더욱 무섭다.

다른 사람과 공존한다는 것은 기본적으로 **자기의 일정한 공간을 포기하는 것이고, 내가 다른 사람과 다르고 다른 사람과 내가 차이가 많다는 것을 인정**하는 것이다. 이러한 생각을 기본 바탕으로 하고, 혼자 치킨 한 마리를 다 먹었을 때의 포만감보다 그것을 누구와 나누어 먹으면서 먹는 즐거움이 더 크다는 것을 알게 되고, 내가 싫어하는 닭 가슴살 부위를 더 좋아하는 사람이 있어서 음식을 깔끔하게 먹을 수 있는 기쁨도 함께 만들어 갈 수 있는 것이다. 이것을 조화로운 삶이라고 한다.

이렇게 우리가 타인들과 더불어 만들어 내는 모든 관계, 부부 생활뿐만 아니라 친구 관계 그리고 우리 사회 모든 전반에 걸친 네트워킹의 기본 전제는 조화를 이루려는 생각이어야 한다. 사람을 만날 때마다 기본적으로 조화를 만들어 가려는 마인드로 인간관계를 형성해 나간다면 우리들의 일상생활과 사회적 활동은 훨씬 그 의미와 가치를 더하게 된다. 그래서 조화를 존중하고 추구하는 삶은 항상 행복하다. 반대로 그렇지 않은 개인이나 조직의 삶은 항상 불행하고 미래는 더 어둡다.

우리 주위로 눈을 돌려 잠깐만 관찰해 보아도 쉽고 명백하게 이 사실이 드러난다. 조화와 질서가 있는 가정은 늘 행복하다. 어느 가정이건 문제가 없는 집이 없지만, 이런 가족은 늘 행복하고 즐겁다. 이러한 가정의 아이들은 부모를 존경하고, 나중에 자라서 또 존경받는 부모가 된다. 반대로 가족이 위아래가 없고 형제들 간에 질서가 없고 조화롭지 않은 집은 항상 불행하고 즐거울 시간이 없다. 이런 가정은 서로 가족 구성원들이 친구같이 보여 겉으로는 좋게 비춰지지만, 진정한 사랑과 행복은 **자신의 위치를 정확하게 인지하고, 남의 위치를 확실하게 인정할 때**만 비로소 나오게 되는 것이다. 그래서 질서가 보이지 않고 조화로움이 상실된 가정에서는 절대로 진정한 사랑과 행복이 나올 수가 없다.

조직도 마찬가지이다. 질서와 조화가 없는 조직은 조직원들 간에 신뢰를 기대할 수 없을 뿐만 아니라 원하는 성과도 기대하기가 힘들다. 요즘은 조직의 수직적 관계를 간소화하려는 노력들이 많이 있지만, 기본적으로 **위계가 없는 조직에서는 직원들의 사기도, 구성원들 간의 캐미도, 적절한 성과도 기대하기 힘들다.** 예전 같은 관료주의적 조직 체계도 문제가 있지만, 질서와 위계가 없는 집단은 에너지도 더 부족하고, 자생력이 떨어진다. 외국의 기업들과는 달리 우리나라 풍토에서 조직이 성과를 내기 위해서는 **적절한 위계와 질서가 서 있고, 사람과 일의 균형이 잘 갖추어진 조건들**이 꼭 필요하다.

조화와 질서와 균형을 이해하고 산다는 것은 내가 남들과 다르고 남들이 나와 다를 수 있다는 것을 인정하는 것이며, 그 토대 위에 나와 다른 사람들이 조화롭게 하나가 되고자 노력하는 자세를 말한다. 하나가 되기 위해서 때로는 내 자리를 비워 줘야 할 때도 있고, 남들의 부족한 빈자리도 살펴야 할 순간도 있다. 그래서 나 하나도 건사하기 힘든데, 다른 사람과 하나가 되라는 요구는 어쩌면 너무 귀찮고 힘겨운 것일 수도 있다. 게다가 우리는 다른 사람들과 더불어 살면서 너무나 많은 상처를 받기까지 한다. 그래서 내 삶의 경계 안에 다른 사람들을 허용하는 것이 너무 겁나고 두려울 때가 많다.

하지만 인류가 역사적으로 '혁신'이라는 것을 이루었을 때 가장 중요한 환경은 항상 사람들이 하는 모든 일들이 서로 '조화'를 이루었을 때였다. 예를 들어 어떤 사람이 자급자족해서 김치찌개를 끓인다면 텃밭에 배추, 고추, 마늘을 심어야 하고, 가까운 바닷가에 가서 소금을 만들어 와야 일단 김치를 담글 수 있다. 그리고 찌개에 넣을 돼지고기를 위해서 돼지를 사육해야 한다. 이렇게 엄청난 노동력과 시간을 투자해야 김치찌개 한 냄비를 끓일 수 있다. 그러나 지금 이렇게 허무하게 시간을 보내는 현대인은 없다. 간단하게 김치찌개를 집에서 끓여 먹을 수 있으며, 식당에 가면 더 쉽고 맛있게 그것을 먹을 수 있다.

현대인들은 보통 한 주에 40시간 정도 내가 할 일을 하고, 72시간을 다른 사람들이 만들어 준 서비스를 이용하며 살고 있다. 사람들이 **서로를 위해서 일을 할 수 있는 시스템**이 갖추어지면서 우리 사회는 비로소 '혁신'이라는 것을 이루기 시작했고, 합리적 사회 구조를 구축하기 시작했다. 이런 것을 조화와 질서라고 한다. 우리는 이미 조화롭게 다른 사람들과 살고 있으며, 그것은 오래전부터 우리 인류의 지향점이었던 것이다.

이렇듯 조화와 협력은 우리 사회에 이미 깊이 뿌리내리고 있는 것이며 이것들을 거부한다는 것은 개인과 사회의 존재와 가치를 거부하는 것과 같다. 그래서 조화롭게 만들어진 각각의 유기체들이 함께 만들어 내는, **질서 있는 사회가 주는 에너지는 우리에게 한 차원 높은 수준의 에너지를 경험하게 해 준다.** 이 에너지는 혼자 힘으로 절대 만들 수 없는 것이라 더 가치 있고, 나의 것을 일정 부분 포기해야 하기 때문에 더욱 가치가 있다. 이것은 독창으로는 절대 따라올 수 없는, 합창이 만들어 내는 그 화음의 진가를 알게 되는 즐거움과 감동을 전해 주는 에너지가 될 것이다.

"한국 음식에 서투른 외국인이 비빔밥을 비비고 있다.
독특한 열 가지 재료가 입안에서 돌며 만들어 내는 풍미의 조화를 어찌 알았는지.
나도 **오늘** 맛있게 밥을 비벼서 먹어야겠다."

행복 에너지

　행복은 우리 생활에 만족과 즐거움이 충만함을 의미한다. 그래서 행복한 상태는 양질의 에너지를 만들어 낼 수 있으며, 적절한 수준의 에너지가 있어야 행복한 수준을 이끌어 낼 수 있다. 이렇게 행복과 에너지는 서로 불가분의 관계이고, 좋든 싫든 서로 영향을 주고받는다. 이러한 이유로 우리 마음속에 행복이라는 정서 상태를 어떻게 구상하고 만드느냐 하는 것 역시 에너지와 관련된 중요한 화두가 될 수 있다.

- 행복을 추구하는 사람들

우리는 매일 '행복'을 겨냥하면서 산다. 우리는 그것을 '꿈' 또는 '목표'라고 다른 이름으로 부르기도 하지만 모두 다 궁극적인 행복의 경지를 설정해 놓고 살아간다. 어떤 사람은 그것이 자기 집 마련일 수도 있고, 어떤 사람은 사랑하는 사람과 함께 사는 것일 수도 있고, 또 어떤 사람은 자신이 원하는 사회적 지위일 수도 있다.

하지만 자신의 지나간 인생을 곱씹어 보면, 가장 행복했던 순간이라고 기억되는 것들이 자신이 추구해 왔던 어떤 삶이나 목표 자체가 아니었다는 것을 우리는 쉽게 알 수 있다. 그냥 행복은 느닷없이 다가와 있었고 그 순간에는 보통 행복이라고 느끼지 못하고 지나가는 것이 대부분이었을 것이다. 그렇게 갈망하고 꿈꾸던 무엇이 삶 속에서 이루어졌을 때 우리는 의외로 담담하다. 그 순간을 위해서 그렇게 힘들게 애쓰고 버텨 왔는데 그 정점에 서면 의외로 무감각한 자기 자신을 발견한다. 아니면 만족이나 쾌감을 느끼더라도 그것이 오래가지 않는다. 전 세계의 높은 산들과 극지방을 정복한 우리나라의 유명한 등반가가 한 말이 있다. 자신이 남들이 어려워하는 높은 산을 정복했을 때 그 쾌감과 설렘은 며칠 가지 않는다고 한다. 그 짜릿짜릿한 성취감도 잠시이고 다시 말 못 할 불안과 공포 때문에 다시 다른 등정 계획을 세워야 한다는 것이다. 우리는 이런 것을 '성공 중독'이라고 부른다. 우리는 누구나 성공을 목표로 인생을 살아가지만 그 목표에 오르고 나면 형언할 수 없는 무기력에 사로잡히고 만다. 이런 현상을 피하기 위해 어떤 사람들은 성공 문턱에서 그것을 유보하는 사람도 많다. 성공의 후유증이 더 크기 때문이다.

보통 사람들은 아무리 나중에 힘들어도 성공했으면 좋겠다고 생각하겠지만 드라마나 영화 속의 이야기처럼 그렇게 간단하지가 않다. 그러면 우리는 무엇을 꿈꾸며 무엇을 목표로 살아가야 하는가? 우리는 행복을 꿈꾸며 살아가면 안 되는 것인가?

결론부터 말하면 행복은 우리가 만들어 가는 목표가 아니라 **그냥 삶의 순간순간에서 느끼는 것 자체**이다. 필자는 이것을 '**절차적 행복**'이라고 이름 붙였다. 행복이라는 것의 본질은 우리가 추구하는 미래에 존재하는 것이 아니라 현실의 삶 그 자체에서 순간적으로 왔다가 사라지는 것이다. 그것을 포착하고 느끼면 그것이 바로 행복이다. 여행을 갈 때 우리는 목적지에 도착해서 즐거운 시간을 보낼 때도 행복을 느끼지만, 그것을 구상하고 준비하고 마음속에 그려 볼 때 더 행복하다. 자신만의 보금자리를 얻기 위해서 몇십 년 동안 꿈을 키우며 살았던 사람들도 실제로 그 집에 입주했을 때보다 그것을 이루기 위해 애쓰고 힘들었던 시절이 더 행복했다고 느끼는 사람들이 더 많다. 그래서 이렇게 **성취 자체가 아니라 그것을 이루기 전 과정에 행복의 의미를 부여하지 못하는 사람들은 잠깐의 행복을 위해 인생의 대부분을 불행하게 살 수밖에 없다.** 다시 얘기하지만 성공의 정점에서 나오는 도파민은 오래가지 않는다. 성공 그것 자체만을 궁극적 행복이라고 생각하는 사람은 절대로 행복한 인생을 살 수가 없다.

우리는 감각과 기분에 많이 의존하며, 지금 내 앞에 보이고 느껴지는 것들이 진짜라고 생각한다. 행복도 마찬가지로 내가 지금 감동과 기쁨으로 느끼는 것이라야 진짜 행복이라고 생각하는 사람들이 많다. 하지만 우리가 비행기를 타고 여행을 할 때, 비행기가 운행하고 있다고 실제로 느끼는 순간은 기체의 흔들림을 느낄 수 있는, 이륙하거나 착륙할 때 아니면 난기류를 만났을 때이다. 비행기가 가장 비행기답게 멋지게 하늘을 날고 있을 때는 정작 우리는 감각적으로 거의 아무것도 느끼지 못한다. 이처럼 행복도 우리를 자극하고 느끼게 하는 순간에 그 본질이 발현되는 것이 아니라 **그냥 우리들 생활이 정상적으로 굴러가는 무덤덤한 일상 속에서 계속 행복이라는 메시지를 우리에게 쉬지 않고 조용히 그리고 넌지시 보내 주고 있는 것이다.**

누가 필자에게 행복하냐고 물어보면 나는 항상 "그렇다"라고 대답한다. 언제가 가장 행복했냐고 물어보면 손꼽을 만한 중요한 사건들이 떠오르기도 하지만, 지금 행복하냐는 질문을 받았을 때 항상 진심으로 행복을 느낀다. 지금 내가 숨 쉬고 있는 것이 행복하고, 나를 신뢰하는 사람이 이 세상에 존재하고, 아직도 깨지지 않은 소망이 있어서 더욱 행복하다고 말한다. 행복은 이렇게 무엇을 위한 절차가 아니라, 인생의 여정을 살아가는 과정과 절차 그 자체이다. 이러한 진정한 의미의 행복을 느끼지 못하는 사람들은 다른 무엇으로 이것을 대체할 수 없다.

행복이라는 열매를 나무에서 딸 때 느끼는 만족감과 성취감은 그 행복 나무를 키우고 가꾸는 애정과 노력이 있었기 때문에 존재하는 것이다. **진정한 행복은 행복 나무를 키우는 것이지 행복이라는 열매를 따는 것에 있지 않다.**

- 행복 지수

'행복'이라는 추상명사를 사람들이 이해하기 쉽게 정량화시킨 것이 행복 지수이다. 이 지수를 만들어 내기 위해서 사용된 지표나 기준은 총 6가지인데, 이것들을 살펴보면 사람들이 생각하는 행복이라는 추상 명사의 개념을 좀 더 구체화할 수 있을 것이다.

첫째 지표는 1인당 국내 총생산량이다. '경제적 수준과 행복이 상관관계가 있느냐'는 아주 오랫동안 연구 주제가 되어 왔고 지금도 유사한 연구가 지구상에 진행되고 있다. 그것들을 취합해서 결론을 내 보면 '경제적 수준이 계속 증가함에 따라서 삶의 만족도와 행복이 함께 증가하다가, 어떤 정점을 지나면 행복 지수가 오히려 감소한다'는 사실이 지배적이다. 여기서 정점은 우리 기준으로 연봉 8천만 원 정도 된다. 이러한 연구 결과를 통해 보면 우리가 기본적인 삶의 만족 즉 행복감을 느끼기 위해서는 기본 생활을 할 수 있는 수준의 경제력이 갖추어져야 한다는 것을 알 수 있다. 매슬로의 욕구 단계설에서도 보듯이 기본적 생리 욕구가 충족되지 않은 상태에서 사회적인 욕구나 자아실현의 욕구가 발현되기는 매우 어렵다. 이러한 맥락에서 행복을 평가하는 데 1인당 GDP를 감안한다는 것은 타당해 보인다. 반면에 기본 생활을 유지하는 데 남아도는 **잉여의 물질은 사람들의 근심을 더 키우고 갈등을 유발**하는, 그래서 행복하지 못한 삶을 유도할 수도 있다는 것을 시사한다.

두 번째 지표는 '사회적 지지'이다. 이것은 우리에게 문제가 생겼을 때 얼마나 사회적으로 지원을 받을 수 있느냐에 대한 것이다. 사회 복지와 관련된 사회 시스템의 정도를 수치화해서 반영한다. 내부적으로는 몰라도 외부적으로 선진국인지 아닌지를 볼 수 있는 가장 강력한 지표가 되는 것이 복지 시스템일 것이다. 국민의 생존권이 보장될 수 있다는 것은 행복을 누릴 수 있는 기초 조건으로 보인다.

세 번째 기준은 '관용'이다. 관용이란 다른 사람들을 배려하는 정도를 수치화한 것으로 '한 달 동안 개인이나 단체의 기부 정도'를 나타낸다. 물질적으로 또는 정신적으로 타인에게 자기의 것을 기부한다는 것은 그만큼 자신의 일부를 포기한다는 것이고 따라서 사회적 성숙도를 알 수 있는 중요한 지표가 된다. 그리고 이런 구성원들이 많은 사회는 행복할 가능성이 높을 수밖에 없을 것이다.

네 번째는 '기대 수명'이다. 기대 수명이란 출생자가 앞으로 생존할 것으로 기대되는 평균 생존 연수를 말한다. 기대 수명이 높다는 것은 그 사회의 의학 수준을 말하는 것도 되지만, 사회 구성원들의 가치관이나 삶의 태도와도 관련이 있다. 예전에는 스트레스가 만병의 근원이라고 생각해서 피하는 방법만 모색했으나 지금은 적당한 스트레스가 건강에 훨씬 긍정적이라는 것이 정설이다. 그만큼 생활을 대하는 태도가 건강에 중요하고, 그것이 수명과 직결된다. 동남아 사람들이 기대 수명이 낮은 이유는 의료 수준의 문제도 있지만, 기후와 관련된 삶의 태도와도 관련이 많다. 항상 먹을 것이 풍부했던 열대 기후의 사람들은 그만큼 스트레스에 덜 노출되어 있어서 정신적으로 육체적으로 취약해져 있기 때문이다. 감당할 수 없을 정도의 스트레스가 질병을 유발하고 트라우마로 남을 수도 있지만, 대부분의 스트레스는 우리가 긍정적으로 활용할 수 있다. 개인의 기대 수명을 연장해서 행복감을 높이고 싶다면 누구나 삶에서 만나는 스트레스를 지혜롭게 잘 대처하는 방법을 생각하고 터득해야 한다.

다섯 번째 '삶에서의 선택의 자유'이다. 기본적인 '자유권'은 아무리 강조해도 지나치지 않은 인간의 기본적인 권리이자 모티브이다. 이러한 자유권이 박탈된 북한에서 우리는 행복이라는 단어를 만들어 내기 힘들다. 선택의 폭이 넓다는 것은 기초적으로 삶의 질이 보장된다는 증거이다.

그런데 우리가 '자유'라는 단어를 머릿속에 떠올리면 우리는 어김없이 '무엇으로부터의 자유'를 먼저 연상한다. 어딘가에 속박되고 구속되어 있는 상태로부터의 해방을 자유라고 보통 생각한다. 이런 형태의 자유를 피동적이고 소극적인 자유라고 한다. 이보다 더 중요하고 가치 있는 자유가 **'무엇을 위한 자유'**이다. 이것은 자기가 가치 있다고 생각하는 것을 선택하는 자유이며, 능동적이고 적극적인 자유이다. 이러한 자유를 실현하는 데는 한 가지 전제 조건이 따르는데, 반드시 '책임'을 수반해야 한다는 것이다. 그래서 누군가의 **선택의 자유를 보장하는 이면에는 그것에 따르는 책임을 반드시 감당**해야 한다는 의미가 포함되어 있다. 그래서 책임 없는 자유는 자유라고 하지 않는다. 그냥 자기 방종 또는 자기 유희 정도로 볼 수 있을 것이다. 그런데 자유만 강조하고 책임에 대해서는 아무 개념이 없는 사람들이 너무 많다. 자유에는 반드시 책임이 따르고, 그것을 감당할 자신이 없는 사람은 자유를 선택할 자격이 없다.

　마지막 여섯 번째 지표는 '부패 인식'이다. 이것은 국민들이 생각하는 자국의 부패 정도를 의미한다. 사회의 건전성을 나타낸 지표라고 볼 수 있다. 음식이 썩었건 사회가 썩었건 부패된 환경에서 우리는 행복을 느끼기 힘들다. 누구나 쾌적한 환경에서 살고 싶은 욕구는 있지만, 깨끗하고 청렴한 사회를 만들어 나가는 데 가장 중요한 선행 요인이 되는 것은 사회 구성원들의 자질과 수준의 문제일 것이다. 그런데 이러한 국민들의 의식 문제는 전적으로 교육에 의존할 수밖에 없다. 혁신적이고 역량 있는 사회 리더들의 역할도 중요하겠지만, 무엇보다 어렸을 때부터 **가정에서 이루어진 교육**이 가장 중요한 키를 쥐고 있다. 그런데 지금 우리의 현실은 가정에서의 교육도 학교에서의 교육도 입시 위주의 '성공 지향적' 삶에 몰입하고 있다. 그래서 성공의 목표를 이루기 위해서는 어떤 경쟁도 감수해야 하고, 물질을 축적하기 위해서는 어떤 수단도 도구가 되어야 한다고 배운 대로 실행하면서 아이들은 성장을 한다. 그래서 이런 아이들이 사회의 중추가 되면 바로 '부패'된 사회가 된다. 우리는 부패가 만연한 국가를 바라보면서 그 사회의 시스템이나 정치권력에 더 주목하지만, 그 무엇보다도 근본적인 원인은 가정교육의 문제이다. 아무리 그 나라에 먹을 게 없고, 부패를 저지를 수밖에 없는 사회 구조를 갖고 있다 하더라도 사회 구성원들의 인격이 성장해 있으면 그 사회는 썩지 않는다. 그 역할을 담당하는 것이 가정이고 부모이다. 아이들에게 무엇이 소중하고 가치가 있는 것인지에 대한 바른 교육이 선행된다면 우리 사회는 썩는 곳도 없고, 가려진 곳도 없다.

지금까지 행복 지수와 관련된 지표들을 알아봤는데, 국가별 행복 지수 수치에서 수년 동안 1위를 빼앗기지 않는 나라가 있다. 북유럽에 있는 핀란드란 나라이다. 북유럽의 다른 국가들도 높은 수준의 선진국이지만, 이 핀란드라는 나라가 돋보이는 것은 우리와 유사한 지형학적 위치 때문이다. 오른쪽으로는 러시아와 국경을 같이하여 몇백 년을 속국으로 살았으며, 왼쪽으로는 바이킹의 후예들에게 모진 괴롭힘을 받아 왔다. 그리고 아래쪽으로는 유럽 최대의 강국 독일의 간섭을 계속 받아 왔다. 우리 한반도와 많이 닮았다. 이러한 틈바구니에 끼어서 모진 고난의 역사에서 벗어날 수 없었지만 지금은 국방으로도 자립한 것은 물론이고 세계에서 가장 살기 좋은 나라가 되었다. 이러한 핀란드의 아름다운 사례는 우리에게 시사하는 점이 매우 크다. 개인도 사회도 국가도 그것의 행복이나 운명이 환경의 지배를 받지 않는다는 사실이다. 오히려 취약한 환경이 더 나은 발전을 이룰 수 있게 하고 더 나은 행복을 누릴 수 있는 장이 될 수 있다는 것이다.

우리는 항상 내가 없는 것에 관심이 많고 불평이 더 많다. 하지만 우리가 앞에서 결핍 에너지에 대해 알아봤듯이 좋지 않은 환경에서 태어났다는 것은 자신의 인생을 아름답게 가꾸고 행복을 만들어 나가는 데 아무런 제약이 되지 않으며, 오히려 좋은 촉매제의 역할을 할 수 있다. 행복은 항상 노력하는 자에게 주어지는 긍정적인 보상이다.

- 관계 속의 행복

　유럽의 어떤 마을에 아주 건강하게 오래 살아서 기네스북에 등재된 할아버지에게 기자가 찾아가 물었다. "할아버지, 이렇게 건강하게 오래 사시니까 행복하시죠?" 이에 대한 할아버지의 대답은 다음과 같이 의외였다. "아니, 전혀 행복하지 않아. 내가 사랑하고 나를 사랑해 주는 사람들이 다 나보다 먼저 죽어서 나는 사랑을 나눌 사람이 없어. 그래서 행복하지 않아." 할아버지의 이러한 솔직한 대답은 '행복'이라는 단어의 개념에 어떤 속성이 추가되어야 하는지 굵직한 메시지를 던져 준다.

　우리는 살다 보면 주위 사람들과 관계를 유지한다는 것이 너무나 거추장스럽고 버거울 때가 많다. 그럴 때마다 우리는 아무도 없는 곳에서 혼자 자유롭게 사는 꿈을 꾸기도 하고, 그것을 실천하는 사람들도 적지 않다. 특히 인생을 조금 두텁게 경험하면서 사람들에게 이렇게 저렇게 상처받으며 그런 생각을 구체화하는 사람들이 자연스럽게 생겨난다. 그래서 결혼했다가 이혼하는 사람도 많고, 사람들과 부대끼며 살다가 산속으로 들어가 자연인이라고 불리며 사는 사람도 요즘은 참 많다.

　그렇다면 우리 인간이라는 객체는 혼자 태어나서 혼자 살아가는 것이 가장 자연스럽고 행복한 존재인데, 필요에 의해서 잠시 계약을 맺고 함께 살다가 그것이 깨지면 다시 자연스럽게 혼자 상태로 넘어가는 그런 존재인가? 그러면 사람과의 관계를 강조하는 사람들은 단지 독립성이 부족한 연약한 심성의 소유자이며 혼자 사는 삶의 진정한 가치와 행복을 모르는 연유에서 나온 생각일까?

이것을 밝혀내기 위한 가장 단순해 보이지만 명확한 방법은 두 가지 인생을 모두 살아 보는 것이다. 그중 하나는 이 세상에 고아로 태어나서 인생을 살아 보는 것이고, 또 하나는 정상적인 가정에서 태어나 관계 속의 삶을 살아 보는 것이다. 하지만 대부분의 사람들은 전자의 경험을 해 보지 못하고, 후자의 인생을 살아간다. 정상적인 부모 밑에서 정상적인 형제 관계, 그리고 정상적인 친구 관계를 형성하며 삶을 꾸려 나간다. 그래서 보편적인 삶을 살아가는 사람들은 진정한 행복에 대한 판단을 하기가 힘들다. 그냥 막연하게 태어나서부터 간섭과 구속이라는 테두리 안에서 성장하기 때문에 그것들이 귀찮고 힘겹게 느껴질 뿐이다.

그런데 이 세상에는 드물지만 이 두 가지 인생을 모두 다 경험해 본 사람도 존재한다. 어릴 적 보육원에서 살다가 어린 나이에 아니면 청소년기에 다른 가정에 입양된 케이스이다. 이러한 부류의 사람들만이 어떤 삶이 더 가치 있고 행복한지에 대한 정답을 제시해 줄 수 있을 것이다. 이런 분들에 대한 면담 자료를 분석해 보면 결론은 명백하게 드러난다.

면담에 참여했던 사람들의 표현을 빌리면 "고아로서의 삶과 가족 구성원으로서의 삶은 비교할 수 있는 수준의 차이를 넘어선 것"이라고 말한다. 고아로서의 삶을 살아 본 사람은, 나중에 가족을 이루었을 때 다른 가족 구성원으로부터의 간섭받는 삶은 간섭이 아니라 관심으로 느껴지며, 집착이 아니라 애착으로 느껴진다고 한다. 이들이 결코 정에 굶주리거나 혼자라는 공포에서 벗어나 안주하려는 이기적인 발상을 해서 이런 발언을 하는 것이 아니다. 혼자 사는 삶과 더불어 사는 삶의 진정한 가치의 차이를 발견한 것이고, 따뜻함의 차이를 발견한 것이고, 결국 인간다움의 차이를 발견한 것이라고 볼 수 있다.

혼자 여행을 하면 홀가분하고 그것만큼 좋은 것이 없다. 하지만 그것이 누구랑 같이 여행하는 참맛을 이겨 낼 수가 없다. 혼자 맛있는 걸 먹으면 눈치 보지 않고 먹을 수 있어서 그것보다 좋은 것이 없어 보이지만, 사랑하는 사람과 같이 먹을 때 느끼는 행복에 비할 것이 아니다. 혼자 운동을 해도 재미있지만, 여럿이서 함께 운동을 할 때 느끼는 열정과 쾌감을 따라올 수가 없다.

사람은 간사한 동물이라 끊임없이 쾌락을 추구하지만 혼자 즐기는 쾌감이 함께하는 즐거움을 종국적으로는 앞서지 못한다. 그런데 왜 사람들은 끊임없이 자신만의 동굴을 만들려고 하고, 저 깊숙한 곳으로 잠수하고 싶은 마음이 생기는 것일까? 그 이유는 삶의 고단함과 사람들로부터의 상처 때문이다. 그리고 본능적으로 사람들은 자신만의 시간과 공간을 강력하게 원한다. 그래서 이렇게 혼자만의 삶을 추구하는 데는 어느 정도 타당한 개연성이 존재하는 것처럼 보인다. 그러나 여기서 명심해야 할 것은 자신만의 삶 또는 혼자 사는 삶을 추구하는 어떤 사람도 **높은 수준의 행복**을 느끼고 있지는 못한다는 사실이다. 자신은 혼자 살면서 행복하다고 말하는 사람은 자기 삶에 만족한다는 것이지 온전하고 견고한 행복을 누리는 것은 아니다.

보통 "당신은 행복하십니까?"라는 질문에 담긴 '행복'이라는 단어에는 다른 사람들과의 관계 속의 행복이 7할을 넘고 있다. 적어도 중년 이후는 그렇다. 왕성한 사회생활을 하는 40대까지는 자신의 자아실현과 자기 성취가 행복에 더 많은 부분을 차지한다. 하지만 50대를 넘어서게 되면 행복의 근원이 자신보다는 주위의 사람들로 옮겨지는 것을 발견하게 된다. 특히 자식으로부터 거의 모든 행복과 불행이 샘솟아 난다는 것을 알게 된다. 자식이 잘되면 행복하고 자식이 잘 안 되면 불행하다. 이것은 나이가 들어 갈수록 더하다. 젊은 사람들이 볼 때는 나이 든 사람들이 정신적, 육체적으로 기력이 약해지면서 자식에 대한 의존성이 강해지는 것으로만 보일 수도 있지만, 나이를 먹었다는 것은 그만큼 인생을 많이 살아서 **생각이 깊어지고 행복의 진정한 본질과 가치에 좀 더 접근했다는 표징**을 보여 주는 것이다. 그래서 나이를 먹을수록 관계 속에서 행복을 찾으려고 노력하고 헌신하려고 애쓰는 것이다.

우리 인생을 90 정도로 볼 때, 그중에 적어도 반 이상은 나로 인해서 행복한 것보다 타인으로 인해서 행복한 삶을 우리는 살아가고 있다. 그리고 그 행복이 점점 더 진국이 되어 가고 정점을 향해 가는 증거는 관계 속의 행복을 어떻게 아름답게 가꾸어 나가느냐가 지표로 나타날 것이다. 앞에 언급한 행복 지수가 가장 높은 나라, 핀란드는 아이들 교육에 특별한 부분이 있다. 우리는 학업에 지체를 보이는 아이가 있으면 그 아이에게 문제가 있다고 판단해서 그 아이만 집중 관리를 하는데 핀란드의 교육은 다르다. 그 나라에서는 어떤 학생이 학업을 못 따라가면 그 아이가 따라올 때까지 학급의 친구들이 기다려 준다. 그리고 다른 아이들은 도와주려고 노력하고 함께 해결하려고 하는데 우리나라에서는 절대로 용납되지 않는 부러운 학습지도 방법이다. 이렇게 배우고 자란 아이들이 똘똘 뭉쳐서 국민성을 만들어 나가고 나라를 키워 나가서 강대국들 틈에서 핀란드라는 나라는 가장 높은 수준의 행복을 누리는 국가가 되었다.

사람은 절대로 혼자 행복할 수가 없다. 혼자서도 재미있게 잘 놀 수 있고 행복하다고 말하는 사람은 다른 사람과 더불어 사는 참 행복을 누려 보지 못해서 그런 말을 하는 것이다. 매일 집에 틀어박혀서 라면만 끓여 먹는 사람은 세상의 산해진미가 주는 아름다운 풍미를 모른다. 우물 안 개구리는 우물이 너무 깊어서 못 나가는 것이 아니라 밖의 세상을 본 적이 없어서 그냥 우물 안에 사는 것이다.

인간은 태어날 때부터 다른 사람과의 관계 속에서 태어나고 관계가 결정된 삶을 살아간다. 또한 성장하면서 더 많은 사람들과 관계를 형성하고 그들과 부대끼며 살아가야 한다. 때로는 그런 삶이 너무 버겁게 느껴질 때도 있고 회피하고 싶을 때도 너무 많지만, **행복한 나의 삶이라는 범주 안에는 항상 많은 사람들이 들어와 있어야 맞다.** 그것을 인정하고 그 안에서 행복을 찾아 나갈 때 우리는 진정한 행복을 느끼고 또 누릴 수 있다. 행복으로 들어가는 문은 항상 열려 있지만 누구나 쉽게 찾을 수 있는 것은 아니다. 혜안과 통찰이 필요하다.

"한가한 주말 오후 그는 자기는 먹지도 못하는 마라탕을 가족을 위해 만들고 있다.
아이들은 그냥 시켜 먹자고 하는데 쓸데없이 괜한 노고를 끌어들이는 것은
오늘 그가 행복하기 때문이다."

언어 에너지

언어는 인간이 인간다울 수 있는 가장 두드러진 인간만의 특징이다. 그래서 **언어를 가장 잘 활용하는** 사람이 가장 **인간다운 사람**이라고 볼 수 있으며, 언어는 인간이 만들어 낼 수 있는 가장 강력한 에너지를 가지고 있다.

- 언어의 힘

언어에 대한 이해는 인간의 능력에 대한 가장 기초적인 이해임에도 불구하고, 너무 과소평가되고 있다는 점을 우리는 쉽게 인지하지 못하고 있다. 그냥 매일 공기를 마시고 살 듯이 언어를 사용하기 때문에 아무런 관심도 없고, 가치도 중요성도 인정하지 못한다. 그러나 언어는 우리에게 지배적인 영향을 미치고 있으며 그 힘이 주는 파급력은 그야말로 심대하다.

언어가 그 힘을 발휘하는 가장 결정적인 분야는 **'인지능력'**이다. 언어는 인지능력에 결정적인 영향을 미친다. 세상에는 별의별 일이 다 일어나지만 세상 곳곳에서 어렸을 때 부모로부터 분리되어 동물의 손에 자란 아이들의 사례가 심심치 않게 보고되고 있다. 이 아이들은 보통 네 발로 기어다니며, 허공에 대고 울부짖는 일을 멈추지 않는다. 그런데 여기서 주목할 만한 연구 결과는 아이들 중에 언어를 학습한 이후에 부모로부터 분리되어 동물들 손에 자란 아이들의 지능은 일반 사람들과 크게 다르지 않다는 것이다. 하지만 언어를 배우기 전에 분리되어 짐승들의 언어를 배우며 자란 아이들은 그야말로 짐승들 수준의 지능을 보여 준다. 이것은 단지 나이 차이에서 오는 결과가 아니며, 언어 학습이 우리 인지 기능에 어떤 역할을 하는지 말해 주는 강력한 증거 자료이다. 또한 요즘 이슈가 되고 있는 AI도 인간의 언어로 프로그래밍을 한다. 우리 뇌를 모방한 인공지능이 언어로 이루어진다는 것은 언어가 인지기능을 수행하는 데 필요조건 이상의 무엇인가를 담당하고 있다는 것을 강력하게 시사하고 있다.

예전에는 우리 뇌를 좌우로 나눌 때, 좌뇌는 언어와 논리, 우뇌는 수리와 공간을 더 많이 담당한다고 배웠다. 그래서 수학을 잘하려면 아이들을 왼손잡이로 키우라는 말까지 나올 정도였다. 하지만 필자의 경험으로는 언어력이 안 되면 논리력이 떨어지고 결국에는 논리의 연속체인 수리 능력도 언어 능력이 뒷받침되지 않으면 향상될 수 없어야 맞는데 왜 그 언어와 수학의 담당 주체가 좌뇌와 우뇌로 떨어져 있는지가 항상 궁금했었다. 하지만 현재 뇌과학에서는 수리 영역도 좌뇌에서 더 많이 담당하는 것으로 밝혀졌다.

이과 쪽으로 성공을 거둔 사람들 중에는 본인은 수학은 좋아하고 잘하는데 언어 쪽은 관심도 없고, 잘 못한다고 하는 사람들이 많고, 실제로 그들 중에는 언어 표현이 서툰 사람들이 많다. 하지만 이 사람들도 일정 수준 이상의 언어 능력을 갖추고 있기 때문에 수학이 가능한 것이고, 표현력이 서툰 이유는 본인이 관심이 없어서 표현하는 연습을 게을리했기 때문이다. 우리 뇌의 모든 사고와 기억, 추리, 판단은 언어를 통해서 이루어지며 보통 모국어를 기반으로 이런 것들이 이루어진다. 가장 아이큐가 높은 동물인 침팬지에게 수학을 가르치려면 필요한 몇 가지 언어를 먼저 가르쳐야 했다.

다음으로 우리가 언어의 힘을 인정해야 하는 측면은 '**네트워킹**'이다. 사람을 만나서 사귀고 관계를 형성하는 데 언어만큼 중요하고 결정적인 것은 없다. 물론 표정, 몸짓 같은 비언어적 표현도 하지만 대부분의 소통은 언어로 이루어진다. 언어로 물어보고 언어로 대답하며 언어로 감정 표현을 한다. 특히 요즘처럼 모바일 기기를 들고 다니는 시대에는 문자 언어의 역할도 무시할 수가 없다. 그래서 언어는 사람을 사귀는 가장 중요한 수단이자 자신의 정체성을 가장 잘 표현할 수 있는 도구이다.

사회적인 관계뿐만 아니라 가정에서도 언어의 힘은 거의 절대적이라고 볼 수도 있다. 언어의 흐름이 자연스럽고 부드러운 가족은 항상 행복하고, 그렇지 않은 가족은 항상 불안하고 불행하다. 그래서 **가정 내에 언어의 소통은 가장 중요한 키워드가 되어야 한다.** 그러나 우리는 가족이 가장 편한 대상이라는 이유로 언어를 마구 함부로 사용한다. 그리고 상대방이 말을 할 때 잘 안 들어 준다. **탈선하는 아이들**의 대다수는 부모가 귀를 막고 얘기를 안 들어 주는 집안 분위기에서 자란 경우이다. 그래서 이런 아이들이 상처받고 다시 되받아서 다른 가족을 헐뜯고 서로 무시하고 그렇게 언어에 대한 이해가 실종된 가족은 매일 정말 지긋지긋한 전쟁을 치른다.

언어는 이처럼 우리가 인간다운 능력을 갖게 해 주는 가장 근원적인 힘이며, 우리가 사람을 만나서 소중한 인연을 맺고 유지하게 해 주는 가장 강력한 수단이 된다. 문제는 그 언어의 힘과 능력을 우리가 어떻게 긍정적인 에너지로 활용하고 개선해 나갈 수 있느냐가 관건이라고 할 수 있겠다.

세 번째 언어 에너지의 기능은 '**치유**'이다. 언어 에너지는 아프고 슬픈 사람을 치유해 주는 엄청난 힘을 갖고 있다. 언어로 상한 심령을 치료해 줄 수 있는 가장 확실한 방법은 '**들어 주기**'이다. 들어 주기가 무슨 언어냐고 반문할 수 있겠지만 우리 대화의 시작은 바로 '듣기'이다. 그래서 듣기도 담화의 일부분이며, 언어의 시작이자 마무리이다. **어떤 사람이 괴로움을 토로했을 때 멋진 말로 조언해 줄 생각을 하지 말고, 그냥 고개를 끄덕이며 들어 주면** 본인이 알아서 해결책을 찾고 돌아간다. 전문 상담 치료의 과정도 대부분 들어 주기가 차지한다.

그리고 뭔가 꼭 얘기해 주고 싶다면 해결책을 제시하려고 하지 말고, 자신이 상대방의 마음 위에 앉아서 진심으로 공감하는 울림을 보내고 있다고 확신을 주는 말을 전해 주면 된다. 그런데 보통 사람들은 상대방이 고통이나 어려움을 표현하면 그 상황을 평가하고 판단하려고 한다. 이것은 상대방의 아픔을 치유하지 못한다. 그냥 공감하는 표정과 말을 전해 주면 된다. 그러면 고민을 얘기했던 상대방의 마음은 많은 부분 치유가 된다. **언어가 치유의 힘을 발휘할 때는 의외로 이렇게 말이 오가지 않거나 짧은 말이 오갈 때이다.** 진심으로 해결책을 얻고자 물어보는 경우가 아니라면 긴 말로 위로하거나 설명하려고 하지 마라. 당신의 위대함은 참고, 듣고, 기다려 주는 데 있다.

- 언어는 인격이다

욕을 입에 달고 다니는 '욕쟁이 할머니' 같은 사람에게 우리는 가끔 "저 사람이 말은 저렇게 해도, 속이 깊고 좋은 사람이야."라는 말을 쓴다. 이 말은 명백하게 틀렸다. 욕을 하거나 말을 거칠게 하는 사람은 절대로 좋은 사람이 아니다. 나쁜 사람이다. 아무리 내면에 심오한 인격을 지녔어도 그런 사람들은 못된 사람이고 많이 부족한 사람이다. 그리고 결국에는 주위 사람들에게 필연적으로 상처를 준다.

 속이 깊고 인격 훈련이 제대로 된 사람은 말을 절대로 막 하지 않는다. 말이 항상 정리되어 있고 언성이 높지도 않으며 항상 낮고 작은 목소리로 이야기한다. 왜냐하면 내 말을 상대방이 들을 때의 감정을 살피면서 얘기하기 때문이다. 우리는 이런 사람을 보면 더불어서 마음이 편안해지고 정신의 질서를 찾는다. 너무 세련되어 보이는 가공된 언어가 아니라 자연스럽고 부드럽게 나오는 **정선된 언어가 내뿜는 아우라는 그 사람의 훌륭한 인격 그 자체**이다. 하지만 이런 사람을 만나는 것이 어렵고, 이런 사람이 되는 것은 더욱더 쉽지 않다.

 우리는 급박한 상황에 처하거나 감정적인 일을 겪으면 뇌 속에 감정의 중추인 편도체가 활성화된다. 편도체가 뇌를 지배할 때 말을 하면 무조건 더럽고, 무익한 언어만 발산하게 된다. 그런데 어떤 사람이 자신의 감정을 자기 멋대로 통제할 수 있단 말인가? 우리는 한껏 감정에 차올라서 말을 퍼붓고 조금 지나면 그것을 후회한다. 이 '감정'이라는 놈은 의외로 우리 사고와 판단에 결정적인 역할을 할 때가 많으며, 아무런 거리낌 없이 논리적이고 긍정적인 사고를 덮어 버리는 힘을 발휘한다. 그래서 자신의 인격을 말로 그대로 전달하려면 일단 편도체에 켜진 불을 끄고 얘기하는 것이 현명하다. 편도체에 불이 꺼지고 대뇌에 불이 들어왔을 때, 정리해서 얘기해야 자신의 인격이 드러날 수 있다.

사람의 인격은 자신을 절제하는 모습, 남을 배려하는 모습, 일을 해결해 나가는 모습에서도 잘 나타나지만, 우리가 어떤 사람을 처음 대할 때 상대방의 인격을 파악하기 위하여 그 사람의 말에 많이 의존할 수밖에 없다. 그래서 언어는 그 사람의 됨됨이를 보여 주는 명함 같은 것이며, 첫인상에 결정적인 역할을 한다.

우리는 살아가면서 누구나 인격적인 사람을 만나서 인격적인 대우를 받으며 살아가기를 원한다. 그런데 그러한 인격을 형성하는 요인에서 언어는 항상 그 우선순위에서 밀려 있는 경우가 대부분이다. 언어는 인격을 완성하는 데 우선적이지 않고 부차적인 요인으로 인식되기 때문이다. 그런데 우리가 직장 동료든 지인이든 어떤 사람을 머릿속에 떠올려서 긍정적인 이미지의 사람으로 형상화되는 사람이 있다면 그 사람은 말을 예쁘고 부드럽게 사용하는 속성을 갖춘 사람일 확률이 매우 높다. 그러면서 우리는 어떤 사람에게 매력을 느끼게 된 가장 중요한 모티브 중에 하나가 언어라는 사실을 경험을 통해서 쉽게 알아낼 수 있다. 언어는 인격의 출발점이다.

- 언어 에너지를 키우는 방법

우리의 인격을 대표하는 언어 에너지를 예쁘게 키워 나가는 것은 쉽지도 어렵지도 않다. 다만 언어는 우리가 갖고 있는 가장 오래된 습관 중에 하나이기 때문에 그 습관을 바꾸고 개선해 나가는 것이 녹록 지 않은 것만큼은 분명하다. 하지만 자신의 인격을 대표하는 언어를 좋은 방향으로 개선할 의지만 있다면 누구든지 그의 인생에 새로운 전환점이 될 수 있다. 지금부터 언어를 아름답게 가꾸어 나가는 방법을 상세하게 살펴보자.

1. 공감하는 말하기

우리가 언어를 양질의 순도 높은 에너지로 만들어 나가는 데 있어서 가장 중요한 키워드는 '공감'이다. 이것만 제대로 익숙해져서 생활에 적용할 수 있다면 당신의 삶은 일련의 혁신을 이룰 수 있다고 감히 말할 수 있다.

'공감'이란 '다른 사람의 감정, 주장, 의견 등에 대하여 자기도 그렇다고 느끼는 감정'을 말한다. 이 단어는 종종 '동정'이라는 단어와 혼동되는데 그 차이는 다음과 같다. 자신의 집 옥상에서 빨래를 널고 있다가 아래를 내려다보니 골목길에 어떤 할머니가 폐지를 주우시다가 수레가 뒤로 굴러서 다쳐 쓰러진 걸 보고, "어머 저걸 어떡해, 큰일 났네." 하고 발을 동동 구르고 있으면 그건 '동정'이라고 하고, 뛰어 내려가서 할머니를 살피고 말을 걸고 도와주면 그것을 '공감'이라고 한다. 언어활동을 할 때 다른 사람의 말이나 감정에 '동정'만 해도 훌륭하다고 볼 수 있지만. 더욱 적극적으로 '공감'하는 연습이 필요하다. 다른 사람의 감정에 '동정'하는 태도만 보이는 사람은 때로는 시니컬해 보이고, 차라리 무시하는 것보다 더 싸늘해 보이고 정이 없어

보일 수도 있기 때문이다.

언어에 공감을 적용한 가장 좋은 방법이 **'맞장구치기'**이다. 맞장구치기란 다른 사람이 말을 할 때 비슷한 장단으로 되받아 주는 것을 말한다. 이것처럼 쉬운 방법도 없지만, 우리가 대화할 때 이것처럼 안 지켜지는 대화법도 없다. 그런데 확언컨대 **이 방법만 제대로 지켜진다면 이혼하는 부부의 반 이상은 다시 정상화할 수 있으며, 일그러진 사람들 간의 관계를 대부분 회복할 수 있다.**

맞장구치기의 가장 기본적이고 핵심적인 방법은 **'자기 생각을 없애기'**이다. 사람들과 대화할 때 나는 아무런 정보도 없고 어떤 의견도 없는 바보라고 생각하고 대화를 해야 온전한 맞장구치기를 할 수 있다. 그래서 상당한 인내심이 필요하고 대화할 때마다 약간의 텐션을 갖고 있어야 한다.

수평 관계에서 사람들이 대화를 할 때, 어떤 사람이 말을 꺼내는 이유는 정보를 전달하려고 하는 경우도 있지만, **90퍼센트 이상은 자신의 의견을 들어 달라고 하는 말**들이다. 사람이 건네는 말에는 팩트도 포함되어 있고, 감정도 포함되어 있고, 그 사람의 인격과 자존심도 포함이 되어 있다. 그런데 우리는 누가 말을 꺼내면 그것에 대한 응답으로 **팩트를 정리해서 얘기하거나 자신의 의견을 얘기하는** 두 가지 유형을 전형적으로 보인다.

예를 들어 아내가 남편에게 이렇게 얘기했다고 가정해 보자. "여보, 나는 연예인이건 일반인이건 남자가 귀걸이 하고 다니는 거 안 좋아 보이더라." 그러면 남편은 보통 이런 답변을 한다. "그 사람들도 다 이유가 있어서 그러겠지. 나는 입술 같은 데에 피어싱 하는 것만 아니면 보기 좋던데. 자신감 있어 보이고." 그리고 남편은 무심하게 자기 하던 일을 할 것이다.

어쩌면 정상적으로 보이는 이러한 대화는 만약 점수를 줄 수 있다면 빵점짜리 대화이다. 유치원생 수준의 이런 대화가 일상이 될 수 있는 것은 사람들이 왜 친한 사람에게 대화를 시도하려는지 그 의도를 생각해 보지 않는 데서 오는 연유이다. 다시 얘기하지만 사람들이 화제를 꺼내는 이유는 **자신의 얘기를 들어 달라는 것 이상 이하도 아니다.** 그런데 사람들은 친한 사람이 말을 걸어오면 그것을 **'중성화'시키려는 못된 본능**을 가지고 있다. 특히 상대방이 감정이라도 실려 있는 듯한 말을 건네면 더욱 그것을 중화시키기 위해 일부러라도 반대되는 팩트나 의견으로 상대방의 의견을 무색하게 만든다. 그러고는 속으로 잘했다고 자신을 칭찬한다.

사람들이 이런 식의 대화를 하는 이유는 내가 반대로 얘기해서 대화를 평형상태로 유도하면 상대방의 감정이 누그러질 수 있다는 어리석음과, 자신도 정보와 의견을 갖고 있는 만만치 않은 상대라는 것을 보여 주기 위한 심리적 기저가 숨어 있다. 그래서 이런 식으로 끝나는 대화는 항상 그 **화제를 꺼낸 사람을 좌절시키고 모멸감을 심어 준다.** 앞의 예에서 아내는 자신의 생각에 대한 남편의 의견을 듣고 싶은 것도 아니고, 그것에 관한 정보를 알고 싶은 건 더군다나 아니다. 그냥 자신의 말에 동의를 해 달라는 간절한 바람을 갖고 한 말일 뿐이다. 그러면 이럴 때 남편은 어떻게 대답해야 하는가? "**아, 그**

래. 그러게 말이야. 요즘 그런 사람들이 길거리에도 많더라고. 개성을 표현하는 방법도 여러 가지 있겠지만, 남에게 혐오감을 주는 건 좀 싫더라고." 이렇게 얘기해야 한다. 그러면 아내는 남편을 자기 의견도 없는 무식한 사람으로 보지 않고, **자신의 말에 공감해 주는 존경할 만한 사람**이라고 생각한다. 그리고 그날 저녁 남편을 위해 맛있는 반찬을 마련한다.

더불어서 상대방이 설사 객관적으로 틀린 얘기를 하더라도 바로잡아 주려고 하지 마라. 바로잡지 않는다고 세상이 무너지지 않고, 바로잡아 준다고 세상이 좋아지고, 상대방과의 관계가 호전되지 않는다. 아이들이나 아랫사람을 훈육하는 경우가 아니라면 틀린 걸 바로잡아 주려고 절대로 하지 마라. 누가 어떤 말을 해도 그것이 심각하게 공공선을 와해시키는 것이 아니라면 그냥 넘어가 주는 연습을 해 보자. 훨씬 더 관계가 돈독해진다.

상대방의 말에 맞장구쳐 줄 때 조심해야 할 몇 가지가 있다. 첫째는 **"나도 그래."**라는 표현이다. 언뜻 보면 이것처럼 상대방에게 강한 동조를 보이는 말이 없는 것처럼 보이지만, 이 말의 내면에는 '너에게 뒤지지 않을 만큼 나도 고민하고 생각하면서 살고 있고, 이미 네가 생각하기 전부터 그 문제를 연구해서 나는 이미 결론을 낸 상태야'라는 자만심이 깔려 있을 수도 있다. 그래서 이 말을 남발하면 나중에는 동조해 주는 건지 자신의 의견을 강력하게 어필하는 건지 헷갈리는 지경에 이르게 된다. 그래서 이 말버릇을 갖고 있는 사람은 버리는 것이 좋다.

둘째 조심해야 할 표현이 **"맞아. 맞아."**이다. 이 말은 여성분들이 격한 리액션을 보일 때 자주 사용하는 것인데, 이 표현은 남자들에게는 처음엔 기분 좋게 들리지만, 나중에 자주 들으면 너무 가볍게 반응하는 것처럼 보이고, 오히려 자신의 말을 신중하게 듣고 있지 않는다고 생각하게 만들 수도 있는 함정이 있는 표현이다. 그리고 "맞아."라는 **표현은 일종의 '평가'**이기 때문에 지속적으로 들으면 자신이 평가받는 듯한 불쾌감을 받을 수도 있다.

세 번째로 대화할 때 자주 실수하는 표현이 **"근데?"** 또는 **"그런데?"**이다. 의외로 이 말투를 자주 사용하는 사람들이 많은데 주의해서 사용해야 한다. 상대방의 이야기를 듣다가 "근데? 어떻게 됐어?"처럼 맥락 있게 맞장구치는 것은 괜찮다. 하지만 무슨 말을 할 때마다 "근데?" 하고 박자를 맞추는 것은 나쁜 버릇이다. 이것은 말하는 사람에게 재촉하는 말투로 들리고, 무시하는 태도로 보인다. 특히 말꼬리를 올리는 게 아니라 내려 버리면 더 짜증나고 거슬리는 말투로 들린다. 대화 속에 이 말투가 남발하면 말하는 사람은 내가 왜 이야기하고 있는지, 내가 무슨 말을 하고 있는지 망각하게 되는 안 좋은 경험을 할 수밖에 없다.

상대방의 말에 공감하면서 맞장구치는 언어 화법은 우리 언어생활의 끝판왕이라고 부를 수 있을 만큼 그 에너지의 알짜힘이 대단한 방법이지만 그만큼 누구나 할 수 있는 것도 아니고 엄청난 훈련이 필요하다. 하지만 진심으로 상대방을 존중하고 배려하는 마음이 있다면 어려울 것도 없다. 가장 말을 멋지게 그리고 매력 있게 하는 사람은 화려한 수사법을 쓰는 사람도 아니고, 어려운 한자어나 영어를 섞어 쓰는 사람도 아니다. **다른 사람의 말을 귀 기울여 듣고 그것에 맞장구쳐 주는 사람이 가장 멋있고 매력 넘치는 언어 사용자이다.**

2. 칭찬하며 말하기

칭찬은 고래도 춤추게 만들고, 돈 안 들이고 에너지를 팡팡 올려 줄 수 있는 신비한 묘약 같은 것이다. 그런데 이 칭찬도 전제 조건이 있다. 수평 관계에서만 칭찬하는 말이 효과가 있다. 상하 관계 특히 아이들을 지도하는 상황에서는 칭찬을 인색할 정도로 아끼는 것이 더 좋다. 아이들에게는 상황을 진지하게 살피면서 칭찬을 해야 하고, 반복적인 칭찬은 아이들의 정체성 확립에도, 학업 성취에도 오히려 역효과가 날 때가 더 많다. 하지만 수평 관계, 특히 부부 관계에서는 무조건 아무 생각 없이 칭찬해도 상관없다.

그러면 부부 관계에서 아내와 남편은 어떤 칭찬을 들을 때 가장 기분이 좋고 에너지가 뿜뿜 솟아날까? 먼저 남편(남성)이 가장 듣고 싶은 칭찬의 말은 **'멋있다'**는 말이다. 다른 미사여구가 필요 없다. 그냥 남자들은 "멋있다."라는 말을 들으면 계속 좋아하는 지능 없는 로봇이라고 생각해도 된다. 여기서 "멋있다."라는 말에는 물론 외양적인 칭찬도 포함될 수 있지만, 능력적인 면을 의미하는 것이다. 남자들도 그것을 알기 때문에 좋아하는 것이다. **남자는 자신의 능력을 인정받았을 때 가장 행복하고 에너지가 충만하다.** 그래서 남편이 밖에서 열심히 일하게 하고 싶으면, "아빠. 힘내세요. 우리가 있잖아요." 같은 노래는 부르지 말아야 한다. 이 노래 가사는 아빠한테 돈 잘 벌어 오라는 소리로 들린다. 가사를 좀 바꿔서 "아빠. 멋있어요. 정말로 최고예요." 이렇게 자식과 함께 손잡고 불러 주면 남자들은 알아서 열심히 돈을 벌어 온다.

반대로 아내(여성)들이 가장 듣고 싶은 칭찬의 말은 무엇일까? 누구나 정답을 예상했겠지만 여자들은 **'외모'**에 대한 칭찬을 제일 좋아한다. 새 옷을 샀을 때, 미장원에 다녀왔을 때 예쁘다고 칭찬하면 돈 안 드는 영양제를 아내의 핏속에 넣어 준 것과 다르지 않다. 실제로 여자들은 정성스럽게 만든 요리가 맛있다고 칭찬받는 것보다 외모에 대한 칭찬이 훨씬 좋게 들린다. 오히려 남자들이 요리를 했을 때 칭찬을 받으면 무척 좋아한다. 남성은 자신의 능력을 계속해서 인정받고 싶기 때문이다. 그래서 만약 어떤 아내가 요리를 정말 맛있게 만들었다면 그 남편은 "당신은 얼굴도 예쁜데 어떻게 이렇게 요리도 잘하지?"라고 칭찬해 주어라. 다음번에는 더 맛있는 요리를 먹을 수 있을 것이다.

친구나 지인과 같은 또 다른 수평 관계에서도 칭찬의 효과는 유효하다. 부부관계에서와 마찬가지로 남성인 경우에는 그의 능력을, 여성인 경우엔 그녀의 외모를 칭찬하면 좋다. 더불어 지인 관계에서는 그 지인 당사자보다 그의 주변인에 대한 칭찬이 더 효과가 좋을 때가 많다. 주변인 중에서도 특히 그녀의 자녀에 대한 칭찬을 아끼지 마라. 당사자를 칭찬하는 것보다 백 배 이상 좋은 에너지를 만들어 줄 수 있다.

3. 부정어, 명령어를 사용하지 마라

우리말에 "안 돼?", "못해?"와 같은 부정어들은 대화에서는 금기어들이다. 이런 말을 넣어서 대화를 하면 상대방은 자신을 공격하는 것으로 인지해서 결코 좋은 대화가 오고 갈 수 없고, 더불어 좋은 에너지의 교환이 이루어질 수 없다. 아내가 오랜 시간 고민하고 남편에게 "자기야, 주말에 엄마한테 잠깐 가 볼까 하는데 아이 좀 한나절만 봐주면 **안 돼?**" 이렇게 물으면 보통 남자들은 "응, 안 돼. 나 골프 약속 있는 거 몰라?" 하는 식의 답변을 할 수밖에 없다. 그런데 여기서 아내의 말투를 바꿔서 이런 식으로 하면 결과가 달라질 수도 있다. "자기야. 주말에 골프 약속 있다고 했지? 엄마가 어제 전화 왔었는데 몸이 많이 안 좋은가 봐. 주말에 잠깐 얼굴 좀 보고 오면 좋겠는데, 아이를 데리고 가면 엄마한테 오히려 짐만 되고, 어떻게 하면 좋을까?" 문장은 좀 길어졌지만 같은 내용을 전달했고 아마도 남편의 응답은 좀 달라질 것이라고 기대된다.

그리고 수평 관계에서는 단정적인 명령어도 역시 금기어이다. "해. 해야지. 해라."와 같은 명령어가 부부 관계나 지인 관계에서도 쓰이곤 하는데, 이런 고압적인 말투는 요즘 조직 내에서도 잘 안 쓰는 전근대적인 어투이다. 똑같은 내용의 말을 어미를 살짝 바꾸어서 표현하면 서로의 에너지 손실도 줄일 수 있고, 마음의 상처도 함께 줄일 수 있다.

4. 전화, 문자 언어의 중요성

현대인의 생활은 과거와는 매우 다른 양상을 보이고 있는데 특히 매체의 발달과 통신 기기의 발전으로 우리 언어생활도 많은 변화를 가져왔다. 무엇보다도 요즘과 같은 유비쿼터스 시대에는 휴대폰을 통한 통화나 문자 전송, 네트워킹에 엄청난 에너지를 사용하고 있으며, 그에 따라 전화나 메시지를 주고받을 때 주의해야 할 요소들도 많이 부각되고 있다. 어떻게 보면 일반적인 대화보다도 통신 기기를 활용한 대화를 더 많이 하는 우리들에게 전화나 문자를 통한 소통은 에너지의 출입이 가장 빈번한 출구가 되고 있는 것이 사실이다. 그 중요성에 입각해서 주의해야 할 점에 대해 생각해 보자.

첫째로 전화든 문자든 **신속한 답신을 보내야 한다.** 부재 전화 표시가 떴거나 문자가 왔을 때는 최선을 다해서 빨리 응대해야 한다. 얼마 전 현대인이 가장 모멸감을 느낄 때가 언제냐는 질문의 조사에서 1위가 문자나 전화를 했는데 답장이 없을 때라는 결과가 나왔다. 필요에 의해서 누군가에게 문자나 전화를 했는데 그쪽에서 응답이 없을 때 우리는 무시당하는 듯한 모멸감을 느낄 뿐만 아니라, 별의별 부정적인 상상을 다 하면서 엄청난 에너지를 소비한다. 운전하면서까지 답장을 하려고 애쓰는 것은 무모한 짓이지만, 최대한 빨리 슬기롭게 답신을 하려고 노력하는 것은 현대를 사는 우리들의 가장 기본적인 에티켓이자 의무가 되어 버렸다.

다음으로 우리가 전화 통화를 할 때 요령에 대해 알아보자. 예전에는 전화 에티켓으로 '용건만 간단히'를 많이 강조했지만, 오랜만에 전화 온 친구에게 "응, 왜 걸었어? 용건이 뭐야?" 하고 시작하는 것은 예의가 아니다. 매일 통화하는 가족이라도 "왜?", "무슨 일이야?"같이 **사무적인 말은 안 쓰는 것이 좋다.** 가족이라면 "밥은 먹었고?" 같은 말로 통화를 시작하면 좋고, 친구라면 "별일은 없고?", "건강은 괜찮고?" 같은 대화로 시작하면 좋다. 이것이 사람 사는 맛이고, 살아가는 멋이다.

마지막으로 문자를 교환할 때는 **이모티콘을 잘 활용해야 한다.** 문자 언어의 특징은 음성 언어와는 달리 사람의 감정을 표현할 수가 없다는 것이다. 그래서 그것을 보완하기 위해 이모티콘이나 이모지 같은 것을 반드시 활용해야 한다. 조금 귀찮아도 이것들을 적절히 활용해야 자신의 감정을 제대로 전달할 수 있고 상대방이 오해를 하지 않게 만들 수 있다. 감정 표현이 생략된 문자가 하루 종일 어떤 사람의 기분을 상하게 만들 수 있고, 쓸데없는 우려로 인한 에너지 손실을 야기할 수 있다.

지금까지 우리가 일상에서 사용하는 언어에 더 긍정적이고 질적으로 향상된 에너지를 실을 수 있는 방법에 대해 알아봤다. 세 치밖에 안 되는 혀가 사람을 죽일 수도 있고, 살릴 수도 있다. 다른 사람에게 **풍성한 에너지를 만들어 줄 수도 있고, 상대방의 에너지를 급격하게 소멸시킬 수도 있다.** 언어는 그런 강력한 에너지를 갖고 있다. 다른 사람들에게 고갈되지 않는 신선한 에너지를 공급하고 싶다면 지금부터 말을 예쁘게 하는 훈련을 시작하라.

- 언어와 관련된 속담

속담에는 조상들의 지혜로운 삶이 녹아들어 있다. 금쪽같은 속담과 격언들을 통해 언어의 중요성을 에너지의 관점에서 다시 한번 정리해 보자.

1. 말 한마디에 천 냥 빚도 갚는다

말을 잘하면 어마어마한 부채도 탕감해 줄 수 있다는 이 말에는 많은 의미가 내포되어 있다. 첫째, 앞에서 언급한 것처럼 언어는 인격이기 때문에 말을 잘해서 그 사람의 인격과 됨됨이를 잘 표현할 수 있다면 그 에너지에 감동하여 채권자의 마음을 흔들 수 있다는 얘기로 해석할 수 있다. 우리는 살아가면서 무슨 일로 감동받을 수 있는가? 잘 짜인 영화나, 아름다운 노래를 들으면 감동이 밀려온다. 물론 영화는 영상이라는 특징을, 노래는 음정과 박자와 같은 특징을 갖고 있지만 두 가지 다 언어로 되어 있다. 언어로 우리는 감정 에너지를 전달할 수 있다. 예전에 무성영화가 음성 없이 상영되었고 모차르트의 음악도 가사가 없지만, 영화에 대사가 들어가고 노래에 가사가 들어가야 감동의 울림이 더 크다.

둘째로 이 속담은 우리가 어려운 일에 봉착했을 때 언어를 통해서 극복할 수 있다는 것을 시사하고 있다. 맞다. 우리가 어려운 일에 처했을 때, 특히 **사람과의 관계 속에서 문제가 발생했을 때, 언어보다 더 훌륭한 해결책은 없다.** 어떤 사람과 문제가 있다면 생활에서 사용하던 공간을 벗어나, 조용하고 담담한 말투로 상대방을 한 단계만 더 이해하는 자세로 대화를 나누어 보라. 거의 모든 틀어진 사람 간의 관계를 회복할 수 있다. 말로 해결할 수 없는 사람들 간의 문제점들은 존재하지 않는다. 다만 시도를 해 보지 않고, 노력을 하지 않기 때문에 문제를 안고 살아가고 있는 것이다. 사람의 마음을 움직이는 언어 에너지의 마법 같은 힘을 느껴 보아야 한다.

또한 이 속담은 상대방의 기분에 맞춰 말을 하려고 애쓰지 않는 사람을 나무라거나 탓할 때도 자주 쓰인다. 앞서 언급한 공감 에너지가 부족한 사람을 비판할 때 사용되는 이 말은 대화의 기본은 상대방의 말과 정서에 맞춰 주는 것이라는 진리를 잘 표현한 속담이라고 볼 수 있다.

우리 속담에 이것과 비슷한 내용의 다른 표현으로 "같은 말이라도 아 다르고 어 다르다."라는 말이 있다. 우리는 대화를 할 때 충분히 상대방에게 감동은 주지 못해도 호감을 주는 말하기 방법을 알고 있다. 그리고 상대방이 말을 할 때 어떤 태도를 취해야 하고, 감정을 어떻게 조율해야 하는지 대충은 알고 있다. 더불어 반복되는 생활 경험 속에서 정말로 말이 아 다르고 어 다르다는 것도 누구나 알고 있다. 하지만 이것을 실천하는 사람이 드물다는 사실이 우리들의 관계를 서먹하게 만들고, 대화 끝에 만족감을 느끼지 못하게 하고 있는 것이다.

2. 발 없는 말이 천 리 간다

이 속담은 크게 두 가지 의미로 쓰이는데, 첫째 언어 에너지의 파급력을 입증할 때 쓰이고, 둘째로는 이 세상에 비밀은 없으니까 조심하라는 경구의 의미로 사용된다.

언어 에너지는 엄청난 파급력을 가지고 있다. 문자 언어가 우리 문화를 계승하고 전파하는 데 결정적인 역할을 했다는 것은 두말할 나위도 없고, 음성 언어도 단발적이고 녹취를 하기 전에는 영속성이 없는 단점을 갖고 있기는 하지만, 뛰어난 생존력을 지니고 강한 전파력을 갖고 있다. '입소문이 난다'라는 말을 영어로 표현하면 'go viral'이다. 말이 퍼져 나가는 것을 바이러스가 퍼져 나가는 것에 비유한 것만 봐도 언어의 전파력을 짐작할 수 있는 내용이다.

말이 빠른 속도로 퍼져 나간다는 것은 기본적으로 그 매개체인 입이 가만히 있기를 거부하는 속성을 갖고 있다는 것을 암시하고 있다. 우리 다른 속담 중에 "낮말은 새가 듣고, 밤말은 쥐가 듣는다."라는 것이 있다. 서양에서는 이것을 "벽에 귀가 있다."라는 표현으로도 쓴다. 말을 조심하라는 표현이다. 특히 누군가와 지켜야 할 비밀이 있다면 특히 조심하라는 내용의 속담이다. 친구에게 "너한테만 얘기하는 비밀이야."라고 얘기하는 동시에 그 말은 비밀이 아니라 천 리 밖에까지, 요즘 세상에는 지구촌 구석구석까지 퍼져서 만인이 공유하게 된다. 그래서 이 속담이 만들어진 이면에는 말을 하지 않으면 미쳐버리는 '임금님 귀는 당나귀 귀 신드롬'을 잘 반영하고 있다고 본다.

사람들은 말을 하고 싶어 한다. 어른이건 아이건 얘기를 많이 하고 싶어 하고, 누군가가 그것을 들어 주기를 간절히 바란다. 남녀, 나이, 상황에 따라 정도의 차이는 있지만 인간은 누구나 말하기를 좋아한다. 자신의 얘기를 하는 것도 좋아하고, 남의 얘기를 하는 것은 더 좋아한다. 이러한 사람들의 기본적인 본능과 욕구를 누가 잠재우고 말릴 수 있겠는가? 하지만 어차피 말을 하고 살아야 한다면 조심하고, 생각하고, 가려서 해야 한다.

　우리 다른 속담에 "말은 보태고, 떡은 뗀다."라는 말이 있다. 이 말은 소문은 전해지면서 점점 과장되고 부풀려지고, 떡은 전해지는 과정에서 점점 작아진다는 뜻이다. 소문이 입에서 입으로 전해지면서 자꾸 왜곡되고 부풀려지는 이러한 속성은 요즘같이 소셜미디어가 발달한 시대에는 달리는 말에 날개를 달아 준 셈이 되었다. 그래서 요즘은 엄지손가락 두 개로 만들어 낸 말들이 사람을 죽이거나 살릴 때가 많다.

　게다가 언어의 속성 중에 '언어의 창익성'이라는 것이 있다. 인간은 누구나 어느 누구도 흉내 내지 못하는 기발한 언어를 만들어 낼 수 있는 능력이 있다는 뜻이다. 이 숨기기 아까운 능력을 우리는 다른 사람들의 말을 할 때 발휘한다. 본인이 구설수에 오르는 것은 참지 못하지만, 남의 얘기를 지어내는 것은 참 즐거운 작업이다. 그래서 자꾸 말을 만들어 내고, 이상한 댓글을 달고, 한 사람을 집요하게 괴롭힌다. 이럴 때 말은 강력한 독으로 작용한다. 말을 어떻게 사용하느냐는 입과 혀를 주관하는 뇌가 하는 것이 아니라 그 말을 하는 **사람의 인격이 하는 것**이다. 신중하거나 그렇지 못한 언어의 선택이 세상을 아름답게도 추악하게도 만들 수 있다.

3. 말이 씨가 된다

이 속담은 아무 생각 없이 뱉은 말이 복선처럼 필연적인 결과를 만들어 낼 수 있으니 말을 가려서 해야 한다는 것을 강조할 때 쓰이는 말이다. 언어 에너지가 너무 강해서 행동을 지배하고, 습관을 지배하고, 운명을 지배할 수도 있다는 뜻을 함축하고 있다. 이 말은 맞기도 하고 틀리기도 한 말이다.

우선 언어가 생각을 지배한다는 말은 기본적으로 맞는 말이다. 언어학자들 간에 언어가 생각을 지배하는 것인지, 생각이 언어를 지배하는 것인지 아직도 그 주도권에 대해 갑론을박하고 있지만, 앞서 언급한 것처럼 언어가 우리 인지 활동을 촉발시키고 장악하고 있다는 것을 부인할 수 없기 때문에 언어가 우리 생각을 지배하는 것은 타당한 추론이다.

점점 발달해 가는 뇌과학에서 발견해 낸 결과를 보면 예전에는 뇌의 특정 영역이 언어의 입력과 표현에 관여한다고 믿어 왔으나 현재는 뇌의 거의 모든 영역이 언어와 관계가 있다는 연구 결과를 보여 준다. 심지어 치매 환자에게 언어 학습을 꾸준히 시키면 전두엽의 수축된 뇌가 커지는 것이 아니라, 옆에 새로운 뇌가 발달한다는 놀라운 보고도 전해진다. 언어는 뇌의 기능을 인간답게 만드는 가장 기본적이고 중추적인 역할을 담당하고 있기 때문에, 우리 생각을 지배하고 결국 우리 행동을 지배하게 된다. 그래서 말이 씨가 돼서 행동을 촉발시켰다는 말은 타당성이 높다.

반면에 "말이 씨가 된다."라는 말이 틀리게 적용되는 경우는 예전에 유행했던 '주문식 행동 유발' 방법과 같은 것이다. 이 방법은 "나는 부자가 될 수 있어."라고 천 번을 반복하면 말이 씨가 돼서 실제로 부자가 될 수 있다는 논리이다. 이런 사람들에게 어떻게 될 수 있냐고 물어보면 "될 수 있으니까 된다."라고 말한다. 이런 순환 논리에 빠진 사람들이 주문을 외우듯이 외우면 자신이 원하는 일이 다 이루어진다는 잘못된 믿음으로 의미 없는 에너지를 소모하는 시간을 보내곤 했다. 하지만 애석하게도 이런 경우에는 말이 씨가 되지 않는다. 자신이 주문을 외우면 그것을 실현시켜 줄 수 있는 대상이 있건 없건 상관없이 어떤 상황의 변화도 일어나지는 않는다. 만약 어떤 일이 주문처럼 말을 반복해서 일어났다면 그것은 언어 에너지가 작용해서 그렇게 된 것도 아니고, 정성이 지극해서 그렇게 된 것도 아니다. 그냥 우연이다.

  면접을 앞둔 사람이 계속해서 자기 자신에게 "잘할 수 있어. 괜찮아. 파이팅!"하고 자기 암시를 주는 것은 효과가 실제로 있다고 과학적으로도 밝혀졌다. 하지만 어떤 말을 계속 반복해서 하면 자신이 바라는 상황의 개선이나 물리적인 변화가 일어난다는 신념은 생활 속에서 실현화되지 않는다. 무엇이든지 반복하면 그 에너지의 양이 커지게 되고, 그 커진 에너지에 자신의 정성까지 더해지면 어떤 일도 이루어진다는 환상은 버려야 한다. 언어 에너지는 그 능력이 탁월하지만 단순한 반복으로 그것을 더 키울 수는 없다. 말이 씨가 되게 하려면 말의 의미와 속성을 제대로 알아야 한다.

4. 침묵은 금이다

　어릴 적 많이 듣던 속담 중에 "여우가 곰보다 낫다."라는 말이 있다. 인생을 좀 살아 보니까 이 말이 정말 맞다. 답답한 사람과는 못 살아도 잇속에 밝은 것 같지만 자기가 해야 할 말을 하는 사람과는 살 수 있다. 그래서 우리가 혹시 부부 싸움을 할 때도 묵비권은 절대로 안 된다. 격한 말로 상대방을 흥분시키는 게 차라리 낫다. 가만히 며칠이고 문을 닫고 말을 안 하는 사람이 있는데 이건 가장 나쁘고 소모적인 방법이다. 두 부부가 말을 아끼면서 서로 시간을 갖는 것은 매우 바람직하다. 하지만 한 사람이 일방적으로 말문을 닫아 버리면 상대방은 미쳐 버릴 수도 있다. 사람은 자신의 위치와 상황에서 할 말을 하고 살아야 한다. 그래야 주위 사람들이 불안하지 않다. 이럴 때는 침묵은 금이 아니라 들판에 버려진 돌멩이만도 못하다.

　"침묵은 금이다."라는 속담의 진정한 의미는 **필요할 땐 말을 아끼지 말고 분명히 하고, 하지 않아야 할 때는 말을 아끼고 조심하라는 것이다.** 그래서 말을 할 때 가장 중요한 것은 담화가 이루어지는 상황과 맥락을 우선적으로 이해하는 것이다. 내가 적절한 대꾸를 해야 하는 상황인지, 상대방의 말을 계속 들어 주어야 할 맥락인지를 먼저 판단하면서 대화를 이어 나가야 한다. 그런데 우리 중에는 머리보다 입이 앞서는 사람이 너무 많고, 모든 답변과 반응이 프로그래밍되어 있는 인공지능처럼 대화를 하는 사람 역시 많다. 거기에 더해서 중간에 말을 자르거나, 말꼬리를 잡고 늘어지는 못된 말버릇을 갖고 있는 사람도 적지 않다. 이런 사람들이 만나서 대화를 하게 되면 우리들의 언어생활은 그야말로 아수라장이 된다. 마치 전쟁 같은 이런 대화가 우리 삶을 피폐하게 만들고 삶의 질을 현격히 떨어뜨린다. 상대방의 말을 듣고 **아주 잠깐만 생각하고 얘기하는 습관**을 들여 보자. 누구와 어떤 대화를 하든 아주 잠깐만 생각하는 말미를 주자. 그리고 본인이 대화를 시작할 때도 이 말을 꼭 해야 하나, 아니면 안 해도 될 말인가 잠깐 생각하고 말을 해 보자. 그때부터 인생의 판이 달라지기 시작한다.

성경에 "여러 종류의 짐승과 새와 벌레와 바다의 생물은 다 사람이 길들일 수 있고 길들여 왔거니와, **혀는 능히 길들일 사람이 없나니 쉬지 아니하는 악이요, 죽이는 독이 가득한 것이라.**"라는 구절이 있다. 사람의 모든 실수가 혀(말)에서 나오고 그 해악은 사람을 죽일 수도 있을 만큼 무서운 것이라는 것이다. 반대로 이런 구절도 있다. "우리가 다 실수가 많으니, 만일 **말에 실수가 없는 자라면 곧 온전한 사람이라.**"

가만히 주위를 살펴보면 말이 많은 사람들이 항상 실수를 많이 한다. 언어 에너지를 많이 갖고 태어난 사람은 오지랖이 넓어서 여기저기 다른 사람들 일에 관여하고 자신의 의견을 쉴 새 없이 쏟아 내고, 모든 것을 자기 나름대로 해석하고 평가하기를 좋아한다. 이런 사람들의 공통적인 특징은 자신의 에너지를 쓰는 데만 급급하지, 자신의 에너지를 받아들이는 사람들의 입장은 전혀 고려하지 않는다는 것이다. 그래서 실수하고, 억지로 자기가 실수했다는 것을 인지하고 나서 그것을 수습하기도 전에 또 실수를 범하는, 실수가 전부인 인생을 살아간다. 이런 사람들은 남의 일에 관심도 많고 열심히 사는 것 같은

데 이상하게도 하나둘씩 주위의 사람들이 떠나가고, 그들의 인생 말로는 실로 비참하다.

우리 모두가 크고 작은 실수를 한다. 하지만 말조심하지 않는 사람들만큼 주위 사람들을 힘들게 하고 고통과 해악을 안겨 주는 사람들도 드물다. 특히 우리는 가까운 사람들에게 말을 아낄 줄 알아야 한다. 가장 아끼고 사랑하는 사람에게 한마디 하고 싶을 때 꾹 참고, 상대방의 얘기를 한마디 더 들어 주는 연습을 해 보자. 가정의 행복 지수가 달라지고, 친구나 지인 간의 관계의 질이 달라질 것이다. 이럴 때 되새겨야 할 말이 "침묵은 금이다."이다.

세 치밖에 안 되는 혀가 진정으로 다른 사람을 죽일 수도 살릴 수도 있다. 그러나 우리는 이러한 언어 에너지의 가공할 만한 위력이 원자폭탄보다 더 강하다는 사실을 인지하지도 인정하지도 않으려고 한다. 그래서 이 세상은 항상 사람과의 관계가 조화롭지 못하고 불화와 불안만 가득하다.

언어 에너지가 함부로 독으로 쓰이거나, 필요할 때 적절하게 약으로 공급되지 않으면 우리 삶은 그야말로 척박하고 의미가 없다. 삶을 조금이라도 윤택하고 보람 있게 설계하고 싶은 사람이 있다면 말을 아끼는 법을 연습하고, 사람을 살리는 말을 하는 방법을 배워라. 즐거운 인생은 여기서부터 비롯된다.

"아름다운 사람은 아름다운 말을 할 줄 안다.
오늘 당신의 세련된 가지런한 말 한마디가 숨 죽은 영혼을 살리고,
세상을 그래도 살 만한 장터로 만든다."

문화 에너지

지금까지는 주로 개인의 에너지 관리에 대해서 알아봤지만 지금부터는 우리를 둘러싼 사회가 만들어 내는 문화 에너지에 대해 한번 알아보자. 우리가 활동하는 환경은 어떤 식으로든 개인과 서로 영향을 주고받는다. 그래서 한 나라의 문화가 만들어 내는 에너지는 생각보다 강하고 그 파급효과가 놀랍다. 문화가 가진 힘에 대해서 고찰해 보자.

- 문화가 아름다운 나라

 백범 김구 선생님의 《백범일지》에는 다음과 같은 말이 수록되어 있다.
"나는 우리나라가 세계에서 가장 아름다운 나라가 되기를 원한다. 가장 부강한 나라가 되기를 원하는 것은 아니다. 내가 남의 침략에 가슴이 아팠으니, 내 나라가 남을 침략하는 것을 원치 아니한다. 우리 부력은 우리 생활을 풍족히 할 만하고, 우리 강력은 남의 침략을 막을 만하면 족하다. 오직 한없이 가지고 싶은 것은 **높은 문화의 힘**이다. 문화의 힘은 우리 자신을 행복하게 하고 나아가 남에게도 행복을 주기 때문이다. 지금 인류에게 부족한 것은 무력도 아니고 경제력도 아니다. 인류가 현재 불행한 근본 이유는 인의가 부족하고, 자비가 부족하고, 사랑이 부족한 때문이다. 인류의 이 정신을 배양하는 것은 **오직 문화**이다."

 진정으로 존경받는 지도자의 놀라운 통찰력에 우리는 경의를 표할 뿐이다. 김구 선생님의 말씀처럼 아름다운 문화는 우리를 성숙시키고 행복하게 만들어 주며, 나아가 다른 사람에게도 행복을 파급시킨다.

 우리나라가 포함되어 있는 동아시아의 문화는 중국 *漢流*(한류) 문화의 절대적인 영향을 받았다. 중국인들은 아직도 자신들이 세계의 중심(중화)이라고 믿고 있으며, 우리나라와 일본의 생활양식에 많은 영향을 끼친 것 또한 사실이다. 중국 본토가 몽고의 지배를 받았을 때도 중국의 문화는 오히려 몽고에 영향을 주었다. 그런데 지금 전 세계의 문화를 주도하는 것은 *漢流*(한류)가 아닌 *韓流*(한류)이다. K-pop

을 위시한, 소위 K 문화가 전 세계에 위세를 떨치고 있다. 그래서 중국의 젊은이들은 갈수록 한국을 싫어한다. 역사적으로 작은 속국 또는 아우 나라 정도 되는 한국이 경제력으로 앞서가는 것은 좀 참을 만하지만 글로벌 문화를 주도한다는 것을 용납하기 어려운 것이다.

문화는 서로 충돌해서 더 강하고 매력 있는 쪽으로 흡수된다. 또한 문화의 전파는 밀도가 높은 쪽의 공기가 밀도가 적은 쪽으로 이동하는 것처럼 너무나 자연스럽고 부드럽게 일어난다. 누가 시켜서 되는 것도 아니고 일부러 강요하면 반발만 생기게 된다. 그만큼 우리의 문화의 끌어당기는 힘과 매력이 강하다는 말이다. 이 같은 우리 문화의 파급 효과는 경제적 가치로도 증명되고 있으며, 그 문화의 에너지는 곧 생활 에너지로 전환된다는 것을 쉽게 확인할 수 있다.

30여 년을 다른 나라의 압제에 있다가 남과 북에 또 다른 나라가 들어와서 혼란한 시절에 문화 에너지의 가치에 대해서 언급했던 김구 선생님도 대단한 분이시지만, 강대국 사이에 그것도 분단된 작은 나라에서 엄청난 에너지의 문화 콘텐츠를 만들어 그 에너지를 발산한다는 것도 대견하고 잘 지켜 나갈 훌륭한 일이다.

필자가 살아온 시절은 미국 문화에 대한 동경, 홍콩 영화에 대한 매혹, 일본 상품에 대한 애착이 우리 생활을 지배했었다. 하지만 현재 우리 문화의 팽창을 보면서 격세지감을 느끼면서도 한편으로는 현실의 상황에 만족할 것이 아니라 우리 문화를 더 아름답게 만드는 일에 우리는 더욱더 노력을 경주해야 한다는 부담감 또한 느끼게 만든다.

사촌이 땅을 사면 배가 아픈 것이 인지상정이다. 지금 지구촌 다른 나라들은 우리의 이러한 문화적 약진에 경이로움보다는 시샘과 질투의 태도를 더 많이 보이고 있다. 이러한 상황에서 우리는 지금의 호황을 상업적으로만 이용하려고 하지 말고, 진정으로 우리 문화를 더 아름답게 하는 일에 매진해야 하겠다. 그것이 우리 문화의 우수성이 반짝 떴다가 지는 유행 같은 것이 아니라는 우리의 증명이어야 하고, 문화가 강한 나라가 가장 강한 나라라는 자부심이어야 한다. 그리고 그 자부심은 다시 우리 개인의 자부심으로 이어진다.

- 문학 강국이 되기 위하여

좋은 문화 에너지는 틀림없이 긍정적인 확산과 전파를 이끌어 낸다. 그런 의미에서 한국의 문화가 전 세계인들에게 즐거움을 주고 더불어 신선한 삶의 에너지도 만들어 주고 있는 것은 분명해 보인다. 그런데 가만히 들여다보면 문화의 여러 가지 속성과 형태 중에 우리가 내세우는 K 문화가 너무 한 쪽으로 쏠려 있는 느낌을 많이 받는다. 본래 문화라는 것은 자연 상태에 인간의 힘을 가하여 만들어 낸 모든 산물들을 포함하고 있으며, 그것은 의식주뿐만 아니라 제도, 학문, 예술, 정치, 도덕, 언어, 종교 등 다양한 분야를 아우르고 있어야 한다. 그런데 우리나라가 자랑하고 있는 우리의 문화는 주로 K 팝이나 K 드라마와 같은 예술 쪽에 편중되어 있다. 물론 K 뷰티나 K 푸드

등 의식주 분야에서도 우리 문화를 알리고 있지만, 세계 문화의 주류로 떠오른 것은 역시 예술 분야이다.

우리 문화가 영향력이 있다는 것이 자랑스러운 이유는 그것이 우리 인간의 정신세계의 산물이기 때문이다. 높은 문화를 유지한다는 것은 정신 활동의 수준이 높다는 것이고, 우리가 짐승이 아닌 다음에야 이것이 자랑스러울 수밖에 없는 것이다. 그런데 찬찬히 들여다보면 우리 문화 중에 **학문, 언어, 도덕** 쪽은 상당히 취약하다는 것은 누구나 공감한다. 우리가 배양해야 할 문화의 구체적인 양상에 대해 생각해 보자.

첫째, **학문적인 분야**에 우리나라는 투자가 많이 부족하다. 절대적인 지표일 수는 없지만, 노벨상 수상자 숫자가 일본은 25명인 반면에 우리는 한 명이다. 그 한 명도 '평화상'이라는 것을 누구나 알고 있다. 물론 학술적인 평가를 성과로만 귀결시키는 것도 문제가 있지만, 우리는 성과가 너무 부족하고, 세계 속의 우리나라 대학의 위치도 너무 부진하다.

우리나라처럼 학구열이 높은 나라가 없고, 각 가정에서 사교육비를 아끼지 않고 쓰고 있는데도 왜 우리나라의 교육, 학술 수준은 이 정도인가? 그 해답은 교육제도의 문제에 있다. 그동안 여러 차례 대학 입시가 바뀌면서 교육제도도 바뀌었고 학교 시스템도 바뀌어 왔지만, 그런 제도나 소프트웨어의 문제점이라기보다는 학생들을 키우는 올바른 관념이 부족한 것이 가장 큰 문제이다.

정권이 바뀔 때마다 새로운 교육시책을 홍보하고, 행정부에서 실제로 신교육정책을 내놓을 때마다 항상 주안점은 '사교육비 절감'이다. 그러니까 결국에는 아이들 교육도 경제 문제로 해결하겠다는 생각이다. 모든 교육 문제를 경제적 논리 베이스 위에서 연구하고 고민하다 보니 항상 탁상행정만 나오고 발전과 유익이 없다. 아이들 교육은 경제 문제와는 별개로 생각해야 한다. 사교육비는 아무리 입시 제도를 훌륭하게 바꿔도 줄어들지 않는다.

 교육을 제대로 세우려면 당사자인 학생들을 위한 제도를 입안하고 집행해야 한다. 유권자인 학부모들 눈치만 보지 말고 아이들 입장에서 교육을 실시해야 한다. 또한 '학생'을 위한 교육은 **'학생이 잘되기 위한 교육'**이 되어야 하며, 학생들이 잘되기 위해서는 선생님들에게 많은 권한과 힘을 부여해야 한다. 왜냐하면 인간은 누구나 자신을 타인이 가르치는 것을 본능적으로 싫어하며, 공부와 가르침이 진정으로 필요하다고 깨닫게 되는 건 학창 시절이 한참 지난 후에나 가능하기 때문이다. 수업 방해하는 아이들을 일으켜 세워서 혼낼 수도 없는 교육 환경에서 '진정으로 학생을 위한 교육'은 이루어질 수 없다. 교권이 확립되어야 학생이 잘 될 수 있고, 학생이 제대로 된 교육을 받아야 우리나라의 학문적, 교양적 수준을 올릴 수 있다. 그래서 교육문화를 바르게 세우는 것이 우리 미래에 대한 가장 확실한 투자일 것이다.

 둘째, 우리의 저급한 문화 수준을 보여 주는 대표적인 것이 **언어문화**이다. 우리나라는 세계에서 가장 우수한 문자를 가지고 있다. 그리고 우리말은 거의 독보적으로 높임말과 감각어들이 발달했다. 언어가 다채롭다는 것은 그만큼 문화 수준이 높다는 것이다. 그런데 이렇게 뛰어난 우리의 말과 글이 요즘 많은 고통을 호소하고 있다. 특히 젊은 층을 중심으로 말 줄이기 문화와 외국어 섞어 쓰기 문화가 아름다운 언어생활을 좀먹고 있다. 언어는 언어를 함께 사용하는 사람들 간의 약속이다. 이러한 사회적 약속을 지켜야 하는 이유는 그렇지 못한 경우에 일어나는 혼란 때문이다. 하루가 다르게 만들어지는 기괴한 신조어들은 우리 언어생활의 풍요로움에 이바지하는 것이 아니라 혼란을 가져올 뿐이다.

잠깐 지나가는 유행어나 일부 계층이나 집단에서 쓰는 은어와는 다른 개념의 이야기이다. 누구나 만들 수 있고 그것이 네트워크를 타고 너무 빠르게 확산되기 때문에 따라잡지 못하는 사람에게는 박탈감을 주고 원활한 의사소통에 문제를 야기한다. 이것을 즐기는 계층에서는 유희의 수단이 되고 편리함의 방편이 되겠지만, 그만큼 정말 소중한 우리 언어는 사라져 가고 있다는 것을 깨우쳐야 한다. 언어도 생명체와 같아서 사멸하기도 하고 형태를 바꾸기도 하고 새로운 것이 만들어지기도 한다. 그러나 단지 누군가의 편의성이나 유희성 때문에 우리의 귀중한 언어문화 유산이 사멸되어 가는 것은 참 안타까운 일이다.

셋째, 우리 문화 중에 회복이 시급한 부분이 **예절 문화**이다. 요즘 우리나라를 찾는 외국인들이 한국의 문화를 보고 칭찬을 아끼지 않는 것이 24시간 배달 문화, 지하철 안전 문화, 총기가 없고 야간 활동이 자유로운 문화 등이다. 그런데 예전에는 좀 달랐다. 물론 그때는 경제적 기반이 취약해서 보여 줄 것이 별로 없었던 것도 있지만, 대부분의 외국인들은 우리나라의 예절과 친절에 찬사를 보내곤 했다. 특히 버스에서 노인이 타면 젊은 사람들이 벌떡 일어나 양보하는 모습을 인용하면서 칭찬하는 외국인들을 많이 보았다.

그렇다면 지금 우리들 모습은 어떠한가? 대중교통을 한 번이라도 타 본 사람이면 누구나 알겠지만 자리에 앉은 모든 사람들의 시선은 스마트폰을 향하고 있다. 누가 타고 내리는지 관심도 없고 그냥 자신의 목적지 안내가 나올 때까지 계속 고개를 숙이고 있다. 주위에 관심을 두는 사람은 별로 없다. 하지만 스마트폰을 전부 없앤다고 해도 이 상황은 크게 바뀌지 않았을 것 같다.

예전에 학교에서 '동방예의지국'이라는 말을 귀가 닳게 들었다. 그런데 그때는 그냥 그것이 내세울 것 없는 우리나라의 자존심 정도로만 생각했다. 그러나 지금은 그것의 가치가 다른 어떤 것들보다 앞선다는 것을 알게 되었다. 예절이나 예의는 앞에서 힘주어 강조한 '질서'를 기반으로 하는 문제이며, '조화'를 이루는 가장 중요한 수단 중에 하나이기 때문이다.

공자는 자신의 사상 중에 '인(仁)'을 가장 강조한 것이 사실이지만, 아름다운 사회와 국가를 이루기 위해서 가장 필요한 것으로는 단연 '예(禮)'를 꼽았다. 우리 사회가 아무리 편리하고 발전적인 문화를 이루어 나간다 하더라도, 예의가 바로 자리를 잡지 못한다면 결코 아름다운 문화를 갖고 있는 국가라고 자부할 수 없다.

훌륭한 인격체 또는 아름다운 사회가 이루어지려면 개인과 사회

안에 예의와 교양이 내재되어 있어야 한다. 그렇지 않고는 절대로 훌륭한 개인 또는 사회라고 평가받을 수 없다. 그래서 **예절과 교양이 그 나라 문화의 가장 기본적인 평가 척도**가 되는 것에 이의를 제기할 수 있는 사람은 아무도 없다. 예절과 교양의 수준이 바로 그 나라 문화의 수준이고 얼굴이다.

'타인에 대한 공경심'을 형식적인 수단을 이용해서 밖으로 표현한 것이 예절이 맞다면, 우리나라가 진정한 문화 강국이 되기 위해서 가장 먼저 전 세계적으로 인정받아야 할 타이틀은 '예절 강국'이 되어야 마땅할 것이다. 이것이 가장 높은 수준의 문화를 갖고 있는 국가의 진정한 자랑거리가 되어야 한다.

에너지를 키우는 방법

　우리는 일정 분량의 에너지를 갖고 태어났고, 하루를 버틸 수 있는 에너지의 총량도 결정되어 있다. 그것이 소멸되면 우리도 동력이 차단된 기계처럼 조용히 멈추어야 한다. 하지만 지혜롭게 에너지를 관리하면 인생의 에너지 총량을 늘릴 수 있을 뿐만 아니라, 남는 에너지를 다른 사람에게도 나누어 줄 수도 있다. 지금부터 그 방법을 알아볼 것이다. 이 책의 하이라이트라고 볼 수 있다.

- 몸을 움직여라

모든 기계들은 활동을 할수록 그 에너지가 감소하지만, 발전기가 달려 있는 자전거는 그 페달을 밟으면 밟을수록 전기 에너지가 많이 생긴다. 우리 몸도 이 전기 발전 자전거와 같다. 부지런히 움직일수록 에너지가 감소하는 것이 아니라 에너지가 늘어난다. 물론 정상적인 영양 섭취가 이루어질 때 이야기다. 기본적인 영양이 공급되는 상황에서 우리 몸을 부지런히 움직이면 자가 발전기처럼 우리 안에 에너지는 계속 만들어진다.

사람들이 많이 붐비는 고수부지 같은 곳을 가 보면 열심히 걷거나 달리는 분들은 대부분 젊은 사람들이다. 나이 드신 어르신들은 벤치에 앉아서 편안히 쉬고 계시는 경우가 대부분이다. 나이가 들면 여기저기 삐걱거리고 몸이 무거워지고 움직일 기력도 의욕도 생기지 않는다. 그래서 공원에 가 봐도 어르신들이 가만히 앉아 계신다. 답답하니까 나와는 있는데 그냥 하루 종일 앉아 있다가 들어가신다. 아마도 그들 중에는 젊었을 때 운동 꽤나 했던 분들도 많았으리라.

결론 먼저 얘기하자면 우리는 숨이 붙어 있는 순간까지 몸을 움직여야 한다. 관절이나 허리가 안 좋아서 걸을 수가 없어도 걷고 움직이면 관절과 허리가 좋아진다. 무릎 연골이 다 닳고, 허리 협착이 심해서 못 움직여도, 그래도 움직여라. 그러면 무릎과 허리 주위에 근육이 생겨서 걸을 수 있게 만들어 주고, 고통을 덜해 준다. 그리고 **에너지가 만들어진다. 그 만들어진 에너지로 좀 더 몸을 움직일 수 있**

게 되고, 그래서 더 몸은 건강해지고 더욱더 많은 에너지를 만들 수 있는 선순환이 지속된다.

어떤 운동을 해야 좋냐고 질문을 많이 받는데, 몸을 움직일 수 있는 어떤 운동도 좋다. 하지만 우리가 기본적으로 밥을 굶고 다른 음식으로 계속 대체할 수 없듯이 **'걷기'**는 하면서 다른 운동을 추가해야 한다. 우리 몸은 걸을 때 모든 조화와 균형이 맞추어진다. 근육이 강화되고, 혈관이 건강해지며, 뇌 기능에 절대적인 작용을 한다. 걷기가 귀찮아서 다른 운동으로 대체하려는 꼼수를 부리는 사람치고 건강한 사람을 단 한 사람도 보지 못했다.

인류가 지금까지 만들어 낸 어떤 약도 걷기보다 우리 몸에 더 좋은 효과를 보이는 것은 아직 없다. 그래서 걷기를 포기한 사람은 마치 생을 포기한 사람과 같다. 건강하지 않은 상태에서 만들어 낼 수 있는 에너지는 한정되어 있기 때문이다. 그런데 요즘은 자기만의 생활 스타일을 강조하면서 걷기를 소홀히 하는 사람이 많다. 자신의 정체성을 독특하게 나타내고 싶은 마음은 이해하지만, 건강하게 표현되지 않은 개성은 본인 빼고는 아무도 인정하지 않는다.

여기에 좀 더 많은 에너지를 얻고 싶은 분들은 젖산이 쌓이기 시작할 정도의 유산소 운동을 추가하면 더욱 좋다. 이때 우리 몸에 에너지를 만드는 소기관인 미토콘드리아의 숫자가 늘어나고 그것의 효율성이 증가하기 때문이다. 그래서 걷기 운동에 다른 유산소 운동을 추가하는 것이 가장 좋고, 걷기 운동만 하시는 분들은 빠른 걷기를 30분 이상 하는 것이 이상적인 에너지 생성법이라고 할 수 있다.

앞에서도 언급했듯이 정신과 육체는 따로 노는 것이 아니다. 정신도 우리 몸의 일부이며 따라서 육체가 건강하지 못하면 정신도 피폐해진다. 운동으로 우리 몸에 신선하고 좋은 에너지를 만들게 되면 우리 정신력도 한층 배가되어 많은 정신적 성과물들은 쏟아 낼 수 있고, 반대로 운동 부족으로 우리 몸에 적절한 에너지를 공급하지 못하면 우리 정신 에너지도 함께 고갈되고 썩어 가게 된다. 그래서 운동이 만들어 낼 수 있는 양질의 에너지는 우리가 우리를 세워 나갈 수 있는 기본 토대가 되며, 우리 사회를 견실하게 만드는 기틀이 된다.

- 수면의 중요성

너무나 상식적인 이야기지만 우리 인간은 수면을 통해서 많은 에너지를 보충한다. 그래서 그 중요성을 강조하다 보면, 인생의 3분의 1을 자는 데 투자를 하는 것이 어쩌면 무모해 보이고, 효율적이지 못하다고 생각하는 사람도 적지 않다. 특별히 해야 할 과제가 산적해 있거나 뚜렷한 성취 목표가 있는 사람에게는 이 귀찮은 과정을 생략하고 싶은 강한 유혹에 줄곧 빠지기도 한다. 그러나 결론 먼저 얘기하면 **수면은 생략하거나 대체 가능한 것이 아니다.**

예전에 물리적인 공부 시간을 늘리면 학업 성과가 좋을 거라는 추측 때문에 '사당오락'이라는 사자성어가 유행한 적이 있다. 잠을 4시간 자면 시험에 붙고 5시간 자면 떨어진다는 의미이다. 이러한 가설이 잘못되었다는 것은 의외로 최근에서야 밝혀졌다. 사람이 적절한 수면 시간을 채우지 않으면 학업 성과가 더 안 좋다는 결론이다. 이것은 우리 뇌가 수면을 취할 때 학습과 기억에 관한 자발적인 운동을 하며, 수면 시간을 빼앗으면 낮에 활동할 수 있는 시간은 늘어나지만 집중력이 현저히 떨어져서 결국 어떤 일을 해도 수행 능력이 떨어진다는 이유 때문이다.

우리나라는 OECD 국가들 중에서 평균 수면 시간이 가장 낮은 편이다. 전통적으로 조급한 DNA를 갖고 있는 국민성 때문일 것이다. 하지만 우리 몸이 충분히 에너지를 충전하고 다음 날 수행 능력을 올리려면 적어도 8시간 이상 잠은 자야 한다. 특정한 근무 환경이나 상황에 처한 사람을 제외하고는 낮에 낮잠을 자지 말고 밤에 8시간 이상 수면을 취하는 것이 건강한 에너지를 만드는 필수 조건이다. 또한 우리 생체 시계와 환경 시계를 일치시켜서 밤 12시 이전에 수면에 드는 것이 우리 몸에 좋다는 연구 결과가 계속 나오고 있다.

문제는 수면을 충분히 그리고 숙면을 취하는 것이 좋다는 것을 모르는 사람은 거의 없지만 여러 가지 이유로 불면증에 시달리는 사람들이 너무 많다는 것이다. 너무 잠을 못 자서 다음 날 아무것도 할 수 없는 사람들은 병원에서 처방해 주는 약물의 도움을 받는 것도 좋지만, 궁극적으로 어떤 형태의 약물도 우리 몸에 좋은 것은 없다. 개인마다 잠을 못 이루는 이유가 다양하지만 보편적인 해결책을 몇 가지 생각해 보자.

첫 번째로 잠자리에 들었을 때는 뇌를 가장 단순화시켜야 한다. 절대로 사고를 하려고 하지 말고, 자신이 마치 아메바 같은 단세포 동물이 되었다고 생각해야 한다. 그래서 사고의 흐름을 막기 위해서 어떤 장면을 떠올리는 것이 가장 좋다. 저 해변가 벤치에 가만히 앉아 있는 자신의 모습이나, 자기가 좋아하는 물건의 사진들을 머릿속에서 천천히 넘기면 잠이 드는 데 도움이 된다. 그림이나 장면을 연상할 때 음식은 절대로 안 된다. 식욕 중추를 자극해서 잠이 확 깨 버린다.

두 번째 좋은 방법은 자기 전에 운동을 하는 것이다. 저녁을 맛있게 먹고 운동을 해서 몸을 혹사시키는 것처럼 좋은 수면제는 없다. 오전에 운동을 하면 노곤함에 낮잠을 청하게 되고 이렇게 되면 모든 것이 허사가 된다. 웬만하면 저녁에 격하게 운동을 해서 피곤함이 저절로 잠을 유도하게 하는 것이 가장 자연스럽고 바람직한 수면법이다.

마지막으로 자신의 주변 환경을 개선하는 것이 중요하다. 소음 때문에 숙면을 못하면 귀마개 같은 것을 이용해서 차단하는 방법을 연구하고 빛이 방해 요소가 되면 암막커튼 같은 것을 사용해야 한다. 사용하는 베개의 크기나 쿠션 정도, 이불의 무게나 보온력 같은 것도 아주 중요한 요소이다. 자신의 주변을 살펴보고 바꾸거나 개선을 요하는 것들이 없는지 살펴보아야 한다.

사람에 대한 이해가 깊은 명의일수록 환자들에게 무엇을 먹느냐보다는 잠을 잘 자느냐고 먼저 질문한다. 우리 몸은 수면을 취할 때 모든 질서와 균형을 바로잡으려고 애쓰며, 우리 뇌는 부지런히 하루 동안 들어온 정보들을 정리한다. 그리고 잠을 푹 자야 밥맛이 나고, 운동할 의욕이 생겨서 더욱더 좋은 에너지 생산을 늘려 나갈 수 있고, 당연히 이것은 우리 몸에 면역 기능을 강화시킨다.

습관적으로 잠을 못 자는 사람들이 치매, 암, 혈관 질환 발병과 상관관계가 높다는 연구 결과가 계속해서 나오고 있다.

휴게소에 들러서 연료를 충전하는 시간이 아까워 기름을 넣다 말고 주유를 중단하는 사람은 아무도 없다. **수면 시간은 하루 중 가장 효율적이고 합리적으로 일하는 시간이며, 우리 뇌의 스키마와 우리 몸에 에너지를 만들어 내는 가장 가치 있고 성스러운 시간**이다. 어떤 이유로든 이 시간은 침범당해서는 안 된다. 양질의 삶을 가꿔 나가기 위해.

- 공유 에너지를 만들자

우리가 만들어 내는 에너지 중에는 다른 사람들과 공유할 때 마치 원자핵분열처럼 기하급수적으로 늘어나는 에너지가 존재한다. 이것들은 앞에서 배운 에너지 보존 법칙에 어긋나는 것이어서 총량이 정해져 있지 않고, 무한대로 늘어나는 마법적인 힘을 갖고 있다. 이것을 '공유 에너지'라고 부르기로 하고, 그 에너지가 어떤 것이 있는지 살펴보자.

1. 사랑 에너지

'사랑 에너지'는 남들과 함께하면 마구 늘어나는 공유 에너지의 대표적인 예이다. 내가 어떤 대상에게 사랑 에너지를 전달하면, 나는 에너지가 없어져야 하는데 내 안에서 더 생겨나고, 그 사랑을 받은 상대방은 그 넘쳐 나는 에너지를 받아 사랑으로 다시 발산하면 보낸 것보다 더 생겨나는 연쇄 반응이 작동하는 것이다.

절대 고갈되지 않는 이 사랑 에너지는 마르지 않는 샘물처럼 끝없이 솟아난다. 그리고 그 샘물이 여러 곳에서 모이고 모인다면 강을 이루고 바다로 나아갈 것이다. 이같이 여기저기서 사랑의 에너지가 펑펑 터지면 온 세상은 결국 사랑으로 수놓은 동산이 될 수 있을 것이다. 그런데 우리는 왜 이렇게 엄청난 힘을 갖고 있는 사랑 에너지를 주위에서 느끼지 못하고, 우리 사회는 사랑이 없다고 자조하면서 살아가고 있는 걸까? 여러 가지 이유가 있을 수 있지만 가장 큰 것은 **사랑에 대한 우리들의 이해 부족과 그에 따른 연습 부족** 때문이다. 유행가 가사에 가장 흔하게 쓰이는 단어이고, 누구나 쉽게 할 수 있는 것이 사랑이라고 생각하기 때문에 우리는 사랑에 진전이 없다. 사랑이라는 개념은 수학의 미적분만큼이나 어렵다. 개념 정립도 어렵지만 상황마다 적용하는 것은 더 힘들다. 인고의 자세로 철저하게 배워 나가야 한다. 그렇지 않으면 이 귀중한 에너지를 발휘할 수도, 공유할 수도 없다.

사랑을 제대로 이해하기 위해서는 우선 '대상'이라는 개념을 분리시키는 것이 중요하다. 사랑을 하려면 사랑하는 대상이 필요하다. 자기를 사랑하는 사람은 자기가 대상이지만 보통은 다른 사람이 대상이 된다. 우리가 다른 사람을 사랑한다고 할 때, 우리가 저지르는 가장 첫 번째 실수가 누구를 만족시키느냐 하는 문제이다. 우리는 누구나 사랑하는 **대상을 만족시키는 게 사랑**이라고 머릿속으로는 알고 있지만. 자신을 만족시키기 위해 사랑이라는 표현을 쓰는 사람이 더 많다. 예를 들어 우리가 어떤 사람에게 선물을 한다고 가정해 보자. 우리는 우리의 관심과 능력과 관점 안에서 선물을 선택한다. 그러고 나서 상대방이 이 선물을 받으면 얼마나 좋아할까 하고 상상을 하며 만족해한다.

우리는 흔히 사랑하는 대상과 나를 동일시하는데, 동일시하는 방향도 항상 자기중심적이다. '상대방이 좋아하면 나도 좋아지겠지'가 아니라, '내가 좋아하면 상대방도 좋아하겠지'이다. 그래서 사랑은 이기적이고 무차별적일 때가 더 많다. 사랑은 그렇게 유행가 가사처럼 아름답지 않다.

우리는 보통 사랑은 감정이라고 오해하고 있지만, 사랑은 가슴으로 하는 것이 아니라 머리로 하는 '생각'이다. 사랑은 사랑하는 대상을 **어떻게 하면 기쁘고 즐겁게 해 줄까 하는 '생각'을 '행동'으로 실천하는 자신의 의지와 노력이 바탕이 되는 가장 치밀하면서도 정교하고 힘겨운 작업**이어야 한다. 남녀 간에 짜릿짜릿하고 말랑말랑한 것도 물론 사랑이지만 이런 사랑은 오래가지 못한다. 이런 불타는 감정이 사랑의 전부라고 오해하는 남녀가 결국 이혼의 길을 겪게 된다.

상대방을 기쁘고 즐겁게 해 주는 것이 사랑이라면, 이것의 전제가 되는 것은 상대방이 무엇을 기쁘고 즐겁게 생각하느냐에 대한 연구나 고민이 당연히 선행되어야 한다. 우리는 누구를 사랑하기 위해서 그 대상에 대한 공부가 필요하다. **그의 말과 태도와 표정과 감정을 관찰하고 연구해야 한다.** 보통 상대방을 좋아하면 관심을 갖고 관찰하게 되지만, 그 이상의 노력과 배우는 자세가 필요하다. 이것이 선행되지 않으니까 올바른 사랑이 표현되지 않게 되고, 항상 변죽만 울리는 삐걱거리는 사랑에 우리는 서로 지쳐 갈 수밖에 없다. 사랑을 온전하게 정립하고, 좋아하는 대상과의 관계를 개선하고 싶다면 상대방에 대한 깊은 연구를 시작해라. 유기체를 연구하는 것보다 어려운 것이 없지만 자꾸 상대에게 물어보고 대화하면서 더 깊이 알아 가려고 노력해 보라. 끊임없이 몰랐던 사실들이 튕겨져 나온다. 그러면 그 정보들을 기억하고, 그것들을 어떻게 적용할 수 있는지 생각하고 바로 실행에 옮겨라. 그러면 세상이 달라지고 사랑의 의미를 조금씩 깨닫게 된다.

단 상대방을 기쁘고 즐겁게 해 주는 데 꼭 조심해야 할 중요한 조건이 있다. 기쁘고 즐거운 것들이 상대방에게 **'궁극적 유익'이 되는 것**이어야 한다. 예를 들어 어린 아들이 자꾸 밥은 안 먹고 패스트푸드만 먹겠다고 하면, 그 아이를 기쁘고 즐겁게 하기 위해서 매일 패스트푸드를 사 주는 부모는 아마 없을 것이다. 그럴 때는 못 먹게 하는 것이 사랑이다. 학교 상황에서도 아이들이 가장 기쁘고 즐거운 것은 공부를 안 하는 것이다. 그냥 노는 것이 아이들은 가장 즐겁다. 그러면 선생님은 그냥 그들을 마냥 기쁘게 해 주기 위해 놀게만 해 주는 것이

옳은가? 아니다 혼을 내서라도 공부하게 만들어야 한다.

사랑은 이렇게 **상대방에게 유익을 주는 것**이어야 한다. 그래서 항상 사랑은 손해 보는 비즈니스다. 상대방에게 무엇을 해 줄까 하고 내 생각 에너지의 대부분을 빼앗기고, 언제 들어올지 모를 상대방의 존재를 위해 내 머릿속의 일부와 내 생활의 일부를 항상 비워 놓고 있어야 하기 때문이다. 하지만 항상 손해를 봐도 기분이 나쁘지 않고, 내가 더 기쁘다. 이렇게 역설적인 기적을 만드는 것이 사랑이다.

마지막으로 사랑의 속성 중에 종지부를 찍을 수 있는 중요한 개념이 **사랑은 반드시 '인내'를 수반**한다는 것이다. 사랑은 길고 오래 참아 내는 것이다. 이 말이 조금 가슴 속에 다가오는 사람은 인생을 조금 길고 깊게 살아온 사람이다. 사랑은 오래 기다리고 참고 견뎌 내야 한다. 그래서 정말로 사랑의 완성은 어렵다.

동화책 속의 엔딩처럼 "왕자와 공주는 행복하게 살았답니다."라는 인생은 우리 삶에 절대로 존재하지 않는다. 우리의 삶은 항상 지지고 볶고, 넘어뜨리고, 쓰러지고, 솟았다 꺼졌다를 반복하는 끝나지 않는 삼류 드라마 시리즈와 같다. 그런 삶 속에서 버티고 서서 사랑을 지키기 위해서는 인내가 필요하다. 사랑하는 대상이 부족해 보여도 조금 기다려 주고, 나를 힘들게 해도 조금 참아 내고, 내 맘에 안 들어도 인정해 주는 그런 것을 사랑이라고 한다.

우리는 인생을 통해서 인내를 배우고 그 인내가 사랑을 완성한다. 그때부터 인생은 그 가치를 발휘한다. 삶이 너무 고단하고 잘 안 풀린다고 생각하시는 분들은 가장 힘들지만 중요한 과정을 거치고 있다고 생각하면 된다. 가끔은 너무 힘들어서 좌절하고, 자폭하고 싶을 때도 많지만, 절대로 '절망'해서는 안 된다. 우리 삶 속에 인내하는 과정이 '희망'의 첫 단계이기 때문이다. **인내는** 나에 대한, 그리고 타인에 대한 **사랑을 완성시키고 그것이 삶에 희망이라는 것들을 만들어 나간다.** 아주 작은 희망이라도 우리 가슴속에 점화가 되면, 우리 인생은 그래도 살 만하다. 결국 우리를 우리답게 버티게 해 주는 기본적인 에너지는 '인내'에서 나온다. 우리는 오늘 인내를 배우고 내일은 그것을 실천해야 한다.

우리가 사랑을 배우고, 인내를 연습해야 하는 이유는 그것들이 태어날 때부터 우리 안에 없었기 때문이다. 있어도 아주 조그맣게 웅크리고 있기 때문에 우리가 그것을 개발하고 키우지 않으면 절대로 저절로 성장하지 않는다. 연습을 안 해도 자신은 사랑이 충만하다고 생각하는 사람은 길거리에 죽어 가는 고양이를 보며 연민을 느끼는 감정을 사랑이라고 생각하는 그런 수준이다. 하지만 사랑이라는 것은 앞에서 언급한 대로 그렇게 단순하지도 쉽지도 않다. 두고두고 인생 위에서 고민하고, 연구하고, 실수하고, 또 생각하는 것들이 수 없이 반복해야 조금 얻어지는, 고된 작업의 결과물이다. 그러나 **다른 어떤 것으로 이것을 대체할 수 없는 최고 본령의 가치를** 갖고 있어서, 그래도 힘들지만 우리 시간과 열정을 투자할 만하다. 이렇게 '사랑'에 정성과 열의를 쏟는 일련의 과정만이 우리 인생을 아름답게 만들 수 있기 때문이다.

2. 인정 에너지

우리가 공유하면 더 커지고 의미 있게 가꿀 수 있는 또 다른 에너지는 '인정 에너지'이다. '인정'이란 '스스로의 능력과 가치를 타인이 확인해 주길 바라는 욕구'를 말한다. 사람마다 정도의 차이는 있지만 우리는 모두 다른 사람들로부터 인정받고 싶어 한다. 이러한 인정 욕구를 가장 잘 보여 주는 것이 소셜미디어나 유튜브 활동이라고 볼 수 있다. 자신이 포스팅한 내용물들이 다른 사람들의 적극적인 지지를 받으면 우리의 자존감은 올라가고, 반대로 아무도 관심을 주지 않으면 우리는 깊은 모멸감 속에 빠진다.

우리는 살면서 인정을 받는 주체이기도 하고, 인정을 해 주는 주체이기도 하다. 인정을 받는 주체로서의 우리는 누구나 말 그대로 '인정 중독' 수준에 이를 정도로 인정에 굶주려 있다. 이것은 쾌락 중독과 유사해서 인정받는다고 인정 욕구가 줄어드는 것이 아니다. 그래서 우리는 인생 자체를 인정과의 투쟁이나 전쟁 같은 상황으로까지 인식하게 된다. 이것은 다만 성취주의에 빠진 사람에게만 해당되는 것이 아니고 우리 모두에게 그냥 주어진 평생 미션이나 과제처럼 보인다.

하지만 이러한 인정의 부정적 측면에도 불구하고 우리가 **인정 에너지를 잘 활용하면 사람을 살리는 공유 에너지**로서의 멋진 기능을 수행할 수 있다. 우선 인정으로 긍정적인 에너지를 만들려면 주위 사람에 대한 관찰이 필요하다. 가까운 가족이나 직장 동료가 가장 자부심을 갖고 있는 것이 무엇인지를 파악해야 한다. 예를 들어 자신의 요리에 자부심을 갖고 있는 어머니나 아내가 있다면 그 요리를 먹어 보고 인정을 해 주면 된다. 직장에서는 직원이 조금 성과가 부족해 보여도 칭찬해 주면 된다. 그런데 이렇게 쉬운 걸 우리는 생활 속에서 왜 자주 못하고 살아가는 것일까? 기본적으로 우리는 인정을 받는 데만 익숙하지 인정을 해 주는 데는 인색하기 때문이다. 내가 배고픈 건 알면서 남이 배고픈 걸 모르는 이치와 같다. 그래서 의식적인 노력이 필요하다. '오늘은 날 잡아서 누구를 인정해 줘야지' 하고 다짐을 하고 시도해야 억지로 한 건 올린다. 하지만 이런 노력이 습관이 되면 나중에는 아주 쉽게 포인트를 잡아서 상대방을 인정해 주고 칭찬해 주는 전문가가 될 수 있다.

아이들 교육 상황이 아닌 수평 관계에서, 특히 부부 관계에서는 앞에서 언급한 것처럼 무차별적으로 인정하고 칭찬해도 된다. 그리고 남편의 능력과 아내의 외모를 칭찬하는 것 외에, 어떤 것을 상대가 인정받고 싶어 하는지 잘 관찰하고 그것을 인정해 주면 된다. 사람들은 모두 자신이 남에게 인정받거나 관심 받고 싶은 분야가 있다. 그런데 그것이 보통 자신의 본업이 아닌 경우도 많다. 자신이 애착을 갖고 있는 작은 취미 같은 것을 남이 인정하거나 관심을 가져 줄 때 그 사람의 자존감 에너지는 숨 가쁜 속도로 올라간다. **작은 것이라도 상대방이 인정받고 싶어 하는 것을 인정해 주면 그 에너지가 공유 에너지가 되어서, 인정받은 대상이 나를 인정해 주고 다시 나는 다른 사람을 인정해 주는 팽창 에너지가 되는 것이다.**

그리고 사랑이 선행된 인정을 남에게 부여하면, 그것을 받은 사람은 **마음속에 에너지로 저장해 두었다가 혹시 자신이 어떤 상황에서 인정을 못 받거나, 삶이 힘들 때 그것을 꺼내서 활용한다.** 남들로부터 애정 어린 인정을 많이 받은 사람들은 그것을 자신의 내부에 저장해 놨다가 필요할 때 긴요하게 쓸 수 있는 것이다. 그러니까 인정은 평소에 많이 받고 많이 해 주는 것이 필요하다.

가정에서의 행복도 직장에서의 사기도 서로 인정하는 공유 에너지가 흐를 때 더 충만하다. 남에게 인정을 구하는 일에만 몰두하는 사람은 아직도 미숙아 수준을 못 벗어난 사람이다. 다른 사람의 관심을 알아내고 인정을 해 주는 일에 매진해 보자. 그러면 결국에는 그 인정이 다시 나에게 돌아온다. **사람을 귀하게 만들어 주는 인정 에너지는 순환되어서 여기저기 세상에 지친 사람들에게 다시 일으켜 세워 주는 힘이 되고, 우리 모두가 지탱해 나갈 수 있는 활력 에너지를 만들어 준다.**

3. 웃음 에너지

마지막 공유 에너지는 '웃음 에너지'이다. 건강한 웃음에는 과학적으로 설명하지 못하는 확실한 에너지 파장이 있다. 누구나 삶 속에서 한 번쯤은 경험해 봤을 이 웃음의 힘은 생각보다 우리 인생에 그리고 사회의 건강에 큰 영향을 미친다.

우리말로 표현할 수 있는 웃음의 종류는 무려 100여 가지가 있다. 이렇게 우리 조상들이 웃음이라는 개념을 세분한 것은 그만큼 웃음이 우리 삶 속에서 중요하다는 것을 방증하는 결과이다. 이 중에 좋은 에너지를 만드는 것과 나쁜 에너지를 만드는 것을 구분하여 알아보도록 하자.

우선 부정적인 에너지를 만드는 나쁜 웃음을 살펴보자. 웃음 중에 가장 나쁜 웃음은 **'비웃음'**이다. '상대방을 업신여기거나 빈정거리는 웃음'이다. 우리는 매일 뉴스를 보면서 살인을 저지른 흉악범이나 사기를 크게 친 파렴치범들에게 분노를 참지 못하지만, 이런 범죄자들보다 더 나쁜 것이 남을 비웃는 사람들이다. 남을 비웃는다는 것은 내가 남보다 더 우월하고, 나는 그렇지 않다는 전제가 깔려 있다. 그래서 이것은 살인을 하거나 남을 등쳐 먹는 것보다 더 흉악한 범죄이다. 살인을 하는 사람도 타인을 존중하는 마음으로 사람을 해치지는 않겠지만, 뚜렷한 목적 없이 일을 저지를 때도 많다. 하지만 다른 사람을 비웃는 사람은 항상 목적이 뚜렷하기 때문이다. **사람이 사람을 비웃는 목적은 내가 드러나게 하려고 다른 사람을 짓밟고 죽이는 것이다.** 물리적인 피해를 입히지 않아서 그렇지만 비웃음을 받은 상대는 수많은 창과 칼에 맞아 신음하고 있다. 그래서 사람이 사람을 무시하고 깔보는 것은 인간이 저지를 수 있는 가장 큰 범죄이자 해악이다.

그런데 주위에서 보면 말투 자체가 빈정거리는 사람들이 의외로 많다. 이렇게 비웃음이 습관이 된 사람들은 매일 만나는 사람들을 죽이고, 자신은 썩어 들어간다는 사실을 아쉽게도 모르고 있다. 연쇄살인범들은 공통적으로 입가에 싸늘한 냉소와 비소만 가득하다. 이 웃음은 죽음과 불화와 공포를 부르는 것들이다. 자신의 습관을 돌아보라.

다음으로 나쁜 웃음이 **'헛웃음'**이다. '마음에 없이 지어서 웃는 웃음'을 말한다. 서비스 업소 같은 곳에 가면 흔히 보는 가식적인 웃음이다. 웃기는 싫은데 상황적으로 웃어야 할 때 웃는 이 웃음은 앞에 비웃음처럼 입으로만 웃는 웃음이다. 그래도 안 웃는 것보다는 낫겠지만, 그것을 보는 사람들에게 상쾌함을 주지는 못하고, 북한 사람들이 얘기하는 여우웃음처럼 교활해 보이기도 한다. 이러한 억지웃음은 안에 뭔가 숨기고 있는 '암소(暗笑)'처럼 보일 때가 많아서 조심해야 한다.

또 하나의 나쁜 웃음이 '**희소(嬉笑)**'이다. '실없이 웃는 웃음'을 말한다. 살다 보면 가끔은 너무 즐거운 일이 있어서 혼자 히죽거리며 웃을 때도 있지만. 사람들과 함께 있는데 혼자 실없이 웃는다는 것은 그 사람에게는 치명적인 결점이 되고, 상대방에게는 불쾌감을 준다. 다른 사람과 대화를 하다가도 쓸데없이 웃을 상황이 아닌데도 웃는 사람들이 있는데 그게 습관이라 본인은 잘 모른다. 이건 아주 나쁜 버릇이고 평소에 비웃기를 잘 하는 사람이 이런 경우가 많다. 이런 사람들은 버릇을 일러 주거나 가까이 하지 않는 것이 좋다. 만날 때마다 우리 에너지가 줄어들기 때문이다.

이렇게 일상생활 속에서 우리의 에너지를 빨아먹고, 집중을 흐트러뜨리는 나쁜 웃음이 있는가 하면, 반면에 좋은 에너지를 만들어 내고, 만나는 모든 사람에게 바이러스처럼 급속히 좋은 기운을 전염시키는 아주 좋은 웃음이 있다. 첫째로 '**목소(目笑)**'이다. '눈으로 웃는 웃음'을 말한다. 사람은 눈으로 웃을 때 진심을 말한다. 눈으로 웃을 때 웃는 사람의 진정성을 느낄 수 있고, 상대방도 진심으로 대하는 태도를 갖춘다. 이것조차도 가식적으로 연습해서 지어낼 수 있지만 신체 중에 눈은 유일하게 거짓말을 잘 못한다. 웃는 게 예쁜 사람들은 항상 눈으로 웃는 사람들이다.

다음으로 좋은 웃음은 **'파안대소(破顔大笑)'**이다. '모든 얼굴 근육을 써 가면서 크게 웃는 웃음'이다. 상긋이 지어 보이는 '미소'나 '신소'도 좋지만, 얼굴의 모든 근육을 사용하면서 웃는 웃음은 나와 남에게 좋은 에너지를 만들어 준다. 이것을 요즘 치료 요법으로 많이 활용하기도 하지만, 파안대소나 박장대소는 본인의 건강에도 좋을 뿐만 아니라 다른 사람에게도 아주 좋은 에너지를 전파한다. 물론 공공장소나 임산부가 있을 경우는 조심해야 하지만. 그렇지 않은 경우 크게 웃는 것은 긍정적인 효과가 아주 뛰어나다. 특히 실없이 혼자 크게 웃는 것보다는 누군가 어떤 재미있는 얘기를 했을 때 **맞장구치면서 웃어 주는 큰 웃음**은 엄청난 에너지를 만들어 낼 수 있다.

마지막으로 **'함께 웃는 웃음'의 에너지**에 대해서 생각해 보아야 한다. 우리는 혼자 코미디 영화를 볼 때보다 여럿이서 함께 볼 때 훨씬 더 많이 웃는다. 연구 결과를 보면 약간 재미 있는 말들이 오고 가는 것을 들을 때 혼자 듣는 것보다 여럿이서 같이 들을 때 웃음을 유발할 가능성이 30배나 높다고 한다. 이것은 우리의 웃음이 다른 사람과 함께 있음을 즐기고 있다는 것을 보여 주는 '사회적 상호작용'의 과정으로 이해할 수도 있고, 우리의 웃음 에너지가 함께 있을 때 증폭된다는 것을 강력하게 암시하는 결과라고 볼 수 있다.

웃음은 마치 감기나 하품처럼 옆에 사람에게 급속하게 전염되고,

그 에너지는 퍼져 나가면서 한층 더 강해진다. 동시에 이 공유 에너지가 우리의 슬픔과 고통을 치유해 나간다. '소문만복래'라는 말이 있다. 웃는 문으로 만복이 들어온다는 뜻이다. 우리가 활짝 웃으면 웃는 문으로 모든 복이 굴러 들어오는 것은 물론이고, 그 문을 통해 다른 사람들을 웃게 만들어 그들도 복을 받게 해 줄 수 있다. 우리가 모두 더 건강하고 복된 삶을 누리려면 한 번 더 웃어야 한다.

하지만 살다 보면 웃을 일보다 짜증나고 고통스러운 일이 훨씬 더 많다. 그래서 보통 사람들은 항상 미간에 힘을 주고 인상을 쓰고 다닌다. 하지만 어떤 사람은 누구를 대할 때도 항상 웃는다. 실없이 웃는 것이 아니라 정말 좋은 에너지를 발하면서 웃는다. 우리는 이런 사람들을 웃음의 유전자를 타고 난 사람이라고 생각하지만 그렇지 않을 때가 더 많다. 이런 사람들은 **노력해서 웃음을 습관적으로 만들어 내는 훌륭한 인격체들이 대부분이다.** 거울을 통해 당신의 웃는 얼굴을 바라보라. 그리고 아침마다 얼굴에 웃음을 가득 실은 채 거울 속 나와 하이 파이브를 하고 하루를 시작해 보자. 당신의 진실하고 아름다운 웃음이 당신 본인과 세상에 밝은 에너지를 선사해 준다. 그리고 당신의 삶이 달라지고 세상이 달라진다.

- 에너지 흡혈귀

같은 온도의 카펫과 타일을 동시에 만지면 우리는 타일이 더 차갑다고 지각한다. 그것은 타일이 카펫보다 우리 몸의 열 에너지를 빨리 빼앗아 가기 때문이다. 이와 같이 우리 주위에는 우리가 갖고 있는 에너지를 마치 흡혈귀처럼 순식간에 빨아먹는 사람이나 상황이 곳곳에 존재한다. 이러한 흡혈귀들을 모두 피하고 산다는 것은 현실적으로 불가능하지만 그것에 대처하는 방법을 안다면 우리 에너지가 단숨에 고갈되는 일은 없다. 주변에 에너지 흡혈귀 역할을 하는 유형들을 살펴보자.

에너지 흡혈귀의 첫 번째 유형은 **'짜증맨'**이다. 그냥 모든 게 못마땅해서 어떤 상황에서든 짜증을 만들어 내고, 고슴도치처럼 바늘을 세우고 다가오는 사람들을 콕콕 찌르는 타입을 말한다. 인류의 고뇌를 혼자 다 감당하는 듯한 태도로 사는 이런 사람들은 자신의 상황도 못마땅하지만 남이 잘되는 것에도 짜증을 낸다. 이런 부류의 사람들이 가족이나 지인 중에 있으면 우리 에너지를 하나도 남김없이 쪽쪽 빨려서, 정말로 시급한 대책이 필요하다. 그런데 이런 짜증맨들은 항상 자기중심적인 가정파괴범이라서 가까운 가족이나 지인들이 직접적인 도움을 주기가 매우 힘들다. 전문가의 도움이 필요하다. 가족이나 지인들의 사랑만으로 **'짜증'이라는 정신질환**을 고쳐 내기는 어렵다. 전문가에게 꼭 도움을 요청해서 치료를 받도록 해야 한다.

두 번째 유형은 **'비판맨'**이다. 이런 사람들은 자신 외의 다른 모든 사람들은 모두 토론 상대이며 자신의 의견이 항상 옳다고 생각하는 사람들이다. 뉴스를 보면서 나오는 모든 사람들을 비판하며, 누구와 대화를 해도 비아냥거리며 자신이 우월하다는 것을 표현하고 싶어 한다. 그래서 항상 다른 사람과의 대화는 길게 가지 않으며, 반대로 남이 자신을 탓하거나 비판하면 그야말로 목숨을 걸고 달려든다. 자신에게 손해가 생기거나 자존심을 건드리는 사람이 있으면 그 사람이 만신창이가 돼서 무릎을 꿇을 때까지 집요하게 괴롭힌다.

이런 사람들에 대한 **가장 좋은 처방은 거리를 두는 것이다.** 아무도 자신을 가까이하지 않아서 자기가 누구를 비판하거나 자신의 우월성을 증명해 줄 대상이 없어질 때 비로소 정신을 조금 차린다. 하지만 물리적인 거리를 둘 수 없는 상황이라면 문제는 좀 복잡해진다. 예를 들어 직장 상사가 집요하게 괴롭히거나 학부모에게 괴롭힘을 당하는 선생님 같은 경우이다. 이런 경우에는 우선 에너지를 빨리는 만큼 다른 곳에서 에너지를 수혈받는 것이 급선무이다. 학부모의 민원에 괴롭힘을 받는 선생님이 있다면 다른 좋은 학부모나 학생으로부터 에너지를 보충받아야 한다. 만약 이런 상황도 어렵다면 과감하게 전근이나 전직까지도 고려해 보는 것이 좋다. **그 직업에 애착과 사명감이 클수록 스트레스는 더욱 커지고 우울증은 깊어만 간다.** 아쉽지만 자신과 가족을 위해서 물러나는 것이 좋다. 세상은 넓고 할 일은 많다.

세 번째 흡혈귀는 **'편가름맨'**이다. 모든 일에 편을 갈라서 자기편과 상대편을 나눠야 속이 편안해지는 사람들이 이 유형에 속한다. 이런 사람들은 보통 자신에게 유리할 것 같은 사람을 선정한 후에 그 사람과 편을 먹고, 다른 사람들을 상대편으로 만든다. 그런 다음 끊임없이 상대방의 약점을 모든 사람에게 퍼뜨리고 다니며 나쁜 소문을 만든다.

　사람들과 더불어 살면서 어떤 사람의 편이 되어 준다는 것은 그것보다 잘하는 일이 없다. 우리는 누구나 내 편이 되어 주는 사람이 있어야 정신적으로 안정된 삶을 살 수 있고, 인생이 가치 있다고 느낀다. 하지만 편이 되어 주는 것과 편을 나누는 것은 근본적으로 다르다. 편을 가르는 것은 다른 사람이 아니라 나의 이득을 구하기 위한 것이고, 나의 우월감을 증명하기 위한 다른 수단이다. 이런 흡혈귀들이 친구 사이나, 조직 안에 많이 있다면 이런 경우에는 명백하게 **공론화하는 것이 바람직하다.** 그런 사람이 조직에서 왕따가 되는 한이 있더라도 그들의 인생을 위해서 공론화시켜서 습관을 고쳐 주는 것이 가장 올바른 해결책이다.

　다음으로 우리를 힘들게 하는 사람의 유형이 '**묵비권맨**'이다. 원래 말수가 적은 사람을 말하는 게 아니라, 말을 해야 될 상황에서 말문을 닫아 버리는 못된 버릇을 갖고 있는 사람들이다. 상대방의 대답을 들어야 될 상황에서 말을 안 하고 있으면, 정말 피가 마르는 듯한 고통과 분노가 엄습한다. 그래서 이런 상황을 만드는 사람들은 가장 이기적이고 미숙한 사람들이다. 요즘같이 메시지를 많이 주고받는 상황에서도 자신이 답변이 곤란할 때 그냥 대꾸를 안 하는 사람이 꽤 많은데, 이럴 때 현대인들은 가장 큰 모멸감과 자괴감을 느낀다. 예를 들어 어떤 친구가 급전이 필요하다고 문자가 왔을 때, 돈은 있지만 핑계 대기도 그렇고 해서 그냥 답신을 안 보내는 사람도 있는데, 이럴 때는 거짓말을 해서라도 답장을 해 주는 것이 맞다. 친구에게 도움을 요청한 사람 입장에서는 도움을 받는 것도 중요하지만 친구의 답장을 받는 것이 더 중요하고, 좋은 관계를 계속 유지하는 것이 더욱더 중요하기 때문이다. 가끔은 아무 말도 하기 싫고, 무기력하게 살고 싶을 때도 있지만 당신이 입을 닫는 순간 상대방은 심장의 혈관이 닫힐 수도 있다.

마지막으로 우리 에너지를 빨아먹는 유형은 **'잔소리맨'**이다, 이것은 앞에 나온 묵비권맨의 반대 입장에 있는 경우라고 볼 수 있다. 말을 안 하는 것도 사람을 미치게 하지만, 쓸데없는 잔소리는 살인까지 부를 수 있다. 실제로 잔소리를 많이 한다는 이유로 부모를 살해한 사례도 많고, 묻지 마 범죄를 일으키는 사람들도 대부분 부모의 잔소리에 노출된 경우가 많다. 잔소리는 속성상 어떤 특정 대상에 집중되어 있고 집요하고 틈을 주지 않기 때문에 사람을 피를 빨아먹는 수준을 넘어서 사람을 사람이 아닌 사람으로 만들어 놓을 수도 있다.

자기 자신이 잔소리가 심한지 아닌지는 가족이나 지인들에게 질문을 통해서 알아내는 것이 제일 좋다. 그리고 다른 사람이 잔소리가 심한 경우 가장 좋은 해결책은 그 사람이 원하는 상황으로 만들어 주는 것보다는 **그 사람이 아는 모든 사람들이 모여 같이 얘기를 하는 것이 좋다.** 예를 들어 아버지가 너무 잔소리가 심하다면 온 가족이 모여 앉은 자리에서 가족들이 돌아가면서 그들의 고충과 아버지에게 부탁할 점을 말할 수 있는 자리를 마련하는 것이 중요하다. 다만 불만을 성토하는 자리가 아니라 맛있는 것도 먹으면서 좋은 분위기를 만들고 해야 한다. 가족들이 애써서 마련한 자리에서 잔소리맨이 박차고 일어나거나, 대화가 오고 가는 중간에 화를 내도 할 수 없다. 될 때까지 시도해 보는 것이 좋다. 그래도 잘 안되면 가족들이 교대로 전화를 하거나 문자를 보내는 방법을 써도 된다. 잔소리도 습관이라 하루 아침에 고쳐지지는 않지만 자주 가족 모임을 만들면서 고쳐진 점에 대해서는 칭찬도 아끼지 않고, 조금이라도 대화를 자주 이어 가다 보면 개선될 여지가 있으며, 이 방법이 가족들 중 잔소리맨을 다룰 수 있는 유일한 해결책이다.

그리고 여기서 조심할 점은 잔소리맨은 비판맨처럼 거리를 두면 안 된다는 것이다. 비판은 자신의 사고를 정리해서 얘기하는 것이기 때문에 거리를 두면 사고의 흐름이 단속되지만, 잔소리는 그냥 자동적으로 나오는 의식의 흐름이기 때문에 주위 사람들이 거리를 두면 발산을 못 해서 더욱 최악의 사태로 갈 수도 있다. 가족들이 인내를 갖고 끊임없이 대화를 시도하는 것이 가장 중요하다. 잔소리는 가족들이 가장 고통스러워하지만, 가족들이 유일한 치료사가 될 수 있다.

지금까지 에너지 흡혈귀 유형에 대해 알아봤는데, 이렇게 에너지를 빨아먹는 유형의 사람들이 정해져 있는 것이 아니라 누구든지 우리들 내부에 이런 흡혈귀 본능이 조금씩 다 잠재하고 있다. 그래서 누구는 잘하고 누구는 못하고의 문제가 아니라 우리가 지닌 본능 안에 있던 이런 흡혈귀의 속성을 인지하고 살피는 것이 가장 중요하다. 그리고 누군가 본의 아니게 타인들에게 피해를 주고 있다는 것을 인지

했다면 그것을 개선을 할 수 있는, 앞에서 제시한 여러 가지 해결책을 시도하는 것이 더 중요하다. 에너지 흡혈귀를 잡는 것은 십자가나 마늘이 아니고 우리들의 진심 어린 관심과 노력이다.

- 영원한 에너지 충전소

  어떤 정유회사 광고에 **"I'm your energy."**라는 문구가 나온다. 참 좋은 말이다. 우리는 누구를 위한 에너지로 살아왔을까? 아니면 남이 갖고 있는 에너지마저 빨아먹으면서 살아왔을까? 사람마다 살아온 인생이 다르듯이 각자의 삶 속에서 에너지의 흐름도 다를 수밖에 없다. 하지만 잘 생각해 보면 우리가 지금껏 에너지가 고갈되지 않고 살아왔다는 것은 누군가 내가 에너지를 필요할 때마다 충전해 줬다는 근거임을 부인할 수 있는 사람은 아무도 없을 것이다. 누구의 도움도 받지 않고 스스로 자가 충전하면서 지금까지 살아왔다고 생각하는 사람이 있다면 조금 곤란한 사람이다. 버려진 것 같은 들판의 풀들도 누군가의 도움을 받고 살아간다.
  우리는 이처럼 어떤 형태로든 태어날 때부터 여기저기서 에너지를 공급받고 있는데, 우리의 마르지 않는 영원한 충전소는 바로 '가정'이다. **가정에서 만들어 내는 에너지는 순도가 가장 높고 가장 효율이 좋은, 그러면서도 가장 경제적인, 양질의 에너지이다.** 이 에너지는 가족이 한 명이라도 살아 있는 한 고갈되는 법이 없으며, 가족이 없는 사람들도 새로 가족을 만들면 바로 다시 만들어진다.

우리는 힘난하고 고단한 인생 속에서 좌절할 때마다 어디서 치유받고 어디서 에너지를 얻는가? 바로 가정이다. 세상의 어느 누구도 자신의 가정과 가족의 은혜 없이는 인생을 살아갈 수도, 의미를 부여할 수도 없다. 가정만이 한 사람을 온전한 인격체로 성장시키며, 개인의 고통과 슬픔을 근본적으로 치유할 수 있는 유일한 피난처이다. 그래서 가정은 개인의 가장 따뜻한 쉼터가 되어야 하며, 가장 안정적인 에너지 충전소가 되어야 한다. 그렇게만 될 수 있다면 이 사회의 모든 문제점은 자연스럽게 개선이 된다.

그런데 이런 순기능을 담당해야 할 가정이 깨어지는 곳이 요즘 너무 많다. 가족 간의 갈등과 반목으로 가장 편안한 안식처가 되어야 할 가정이 전쟁터가 되고, 에너지를 충전해 주기는커녕 서로 에너지를 빨아먹으려고 하는 곳이 점점 많아지고 있다. 이렇게 되면 아무리 가족이지만 이들 간에 신뢰도 책임도 사랑도 없어지게 되고, 가정이 '공포' 자체가 된다. 이런 가정이 점점 늘어나고 있다. 그러면서 자연스럽게 이런 가정에서 배우고 자란 아이들이 성장해서 사회의 골칫덩이로 자리를 잡는다. **모든 범죄자들의 배후에는** 자신의 올바른 기능을 상실한 **가정이 있다.**

우리가 자동차로 운전을 해서 먼 길을 여행할 수 있는 이유는 중간중간에 연료 충전소가 있다는 믿음과 확신이 있기 때문이다. 힘난한 인생의 여정을 살아갈 때도 우리는 가정이 있고, 그곳에서 무한한 에너지를 공급받을 수 있다는 확신이 있어서 살아갈 수 있는 것이다. 가정이 있기는 하지만 충전해 줄 에너지가 바닥나 있고, 가족들이 충전기를 마치 총처럼 서로 겨누고 있는 가정이 있다면 지금 당장 근원적인 개선이 필요하다. 세상에는 식당에서 메뉴를 고르는 것처럼 나중에 큰 차이와 의미를 만들지 못하는 일도 비일비재하지만, **가정을 바로 세우고 가꾸는 일은 선택이 아니라 우리 모두의 신성한 의무이자 책임이다.** 이 의무는 가족 중 어느 한 사람이 아니라, 가족 모두가 지켜야 할 약속이자 실천이 되어야 한다.

자신의 가정에서 나오는 에너지는 세상의 다른 어떤 충전소에서 공급받을 수 있는 에너지와는 질적으로 다르며, 아무리 잘 만들어진 다른 에너지도 절대로 그것을 대체할 수 없다. 만약 아직도 가정 외에 다른 충전소에서 에너지를 공급받으며 살아가는 사람이 있다면, 불량 휘발유를 연료통에 가득 넣고 여행을 떠나는 운전자만큼이나 위험한 모험을 하고 있는 것이다. 당장 계기판 연료 게이지가 가득 차 보여서 안심하고 가지만 언젠가는 엔진에 무리가 오고 자동차는 더 이상 운행을 하지 못하는 시점이 반드시 온다.

결국 **가정을 회복해야 하는 것은 인간의 궁극적 행복을 위해 가장 선행되어야 하는 필수 조건이 된다.** 그래서 가정의 질서를 회복하고, 가정의 사랑을 회복하는 데 시간과 땀과 노력을 아끼지 않아야 하며 그것은 **가장 의미 있는 인간의 과업**이 되어야 한다. 다른 어떤 더 중요해 보이는 가치에 투자하느라, 아니면 다른 문제 때문에 가정을 외면하고 있는 사람들은 잠시 생각을 정리하고, 무게중심과 좌표를 다시 가정으로 옮겨야 한다. 그것이 행복과 희망을 간구하는 우리들의 최선의 선택이자 결론이다. 우리가 어려움이 생길 때마다 **인생**에게 지혜를 구하면 **인생**은 항상 같은 답변을 한다. '가정'에서 답을 찾으라고. 삶 속에 항상 어려운 문제들이 산재해 있지만 모든 해법은 '가정'에 있다고.

"바람 따라 흐르는 나그네도 마음만은 함께 떠돌지 않는다.
정처 없이 걷고 있는 나그네의 마음은
오늘도 그 옛날 가족과 함께하던 따뜻한 밥상머리 위에서 쉼을 청하고 있다."

에필로그

　우리 인생은 눈물과 한숨으로 점철되어 있다. 아직도 웃음과 환희로만 삶을 채워 나갈 수 있다고 생각하는 사람이 있다면 인생을 덜 살았거나 잘못 살고 있는 것이다. 우리가 몸담고 있는 세계는 그렇게 만만치 않다. 우리를 향해 항상 위협적인 날을 세워서 공격하기도 하고, 달콤한 유혹으로 우리를 넘어뜨리고 또 좌절하게 만든다.
　하루를 전쟁터 같은 현실에서 살다가 돌아와 거울 앞에 서서 숨을 몰아쉬는 우리는 텅 빈 눈 속에 더 이상 담을 것이 없어서 그냥 우두커니 자신의 그림자만 바라보곤 한다. 때로는 누구를 위하여, 때로는 무엇을 위해서 열심히 살았는데, 내 앞에 앉아서 나를 위로해 주는 사람은 아무도 없는 것 같다. 혼자가 되려고 그렇게 애태우며 애쓴 것도 아닌데 결국 항상 혼자인 것 같은 모습에 우리는 또 한숨을 짓는다. 그래서 얼마 남지 않은 에너지마저 내 손으로 지워 버리고 싶을 때 당신은 다시 한번 자신에게 질문을 해야 한다. 나는 지금까지 어떻게 살아왔는가? 나는 지금까지 얼마나 많은 사람들의 에너지를 받고 그것으로 여기까지 버티며 살고 있는가?
　당신에게 힘을 모아 주고 지금의 나를 있게 만들어 준 그들의 사랑이 헛되지 않게 하려면 지금 우리는 좌절과 절망을 딛고 떨치고 일어나야 한다. 내가 받은 에너지를 돌려줄 곳을 찾아서. 그러기 위해서 우선 내 에너지부터 충만하게 다시 회복해야 한다. 그리고 내가 아낌없이 받아 왔듯이 나도 시들어 가는 영혼을 살리기 위해서 길을 나서야 한다. 매일 새롭게.